KB234664

영원이라는 여명 앞에서

소년 예수의 베르나르도 장석훈

✝
찬미 예수 마리아 요셉

'당신은 늘 나를 용서하시는
어진 바다이십니다.
내 모든 죄를 파도로 밀어내며 온 몸으로
나를 부르는 바다,

나도 당신처럼 넓혀 주십시오.
나의 모든 삶이
당신에게 업혀가게 하십시오.'

성 아우구스띠누스는 그의 〈고백록〉에서 "겸손도 성덕도 없고 용기도 없으나 내 일생의 잘못을, 내 실수를 통틀어 말하고 자인 자백한다!"고 했습니다.

이 글은 가난하고 불쌍한 죄 많은 한 인간을 회개에로 부르시고 구원으로 이끄시고 계신 하느님의 이야기이기에 부끄러운 인간의 감정이 앞서지만 "나는 죽지 않으리라 살아보리라. 주님의 장하신 일을 이야기하고자"(시편118)하는 마음이 더 커서 글을 쓸 용기가 생겼다고 '영혼의 자화상·1'에서 썼습니다.

수도원에 입회하여 그동안 써 온 것을 한자리에 모은 것은 16년 동안 크고 작은 배은의 늪에서 잃어버린 사랑이 그리워 몸부림친 '내 영혼의 기도', '내 영혼의 노래', '내 영혼의 자화상' 이기 때문입니다.

'어두움과 죄' 속에서도 '빛과 회개'를, '절망과 고통' 속에서도 '희망과 십자가'를, '무기력과 미움' 속에서도 '용기와 사랑'을, '가난과 허무' 속에서도 '애원과 갈망'을, '슬픔과 비참' 속에서도 '기쁨과 소중함'으로 오늘까지 살아온 것은 하느님 아버지의 자비로운 사랑임을 절감합니다.

배은과 회개의 순간 순간에 한 영혼이 외쳤던 절규들은 피조물에 지나지 않는 인간이 부를 수 있는 '가장 아름다운 노래', '신앙의 노래', '영혼의 찬미가'라는 말이 있습니다.

땅을 딛고 사는 인간이 하느님과 일치할 수 있음은 바로 이 인간의 노래를 좋게 보아주시는 하느님의 자비 때문이라 생각합니다.

'영혼의 노래를 부르지 못하는 인간은 아름다움을 모른다. 아름답게 사는 인간의 삶 그것은 그분이 우리에게 주신 삶의 본 모습이다.'

'내 영혼의 노래'는 나와 더불어 살아온 모든 분들의 이야기이고 더 나아가서 내 영혼에게 말씀하신 하느님의 이야기입니다. 오늘의 내가 있기까지 사랑해 주시고 도와주시고 기도해 주신 모든 분들께 이 글을 드리며 이 글이 나오기까지 도와주신 나의 소중한 벗들에게 진정어린 감사한 마음으로 그 분들을 위해 두 손을 모읍니다.

글·모·음

가르멜의 밤

무엇도 소리없는 심연속의 침묵의밤
누구도 찾지않는 깜깜깊은 고독의밤
아무도 볼수없는 높은담속 가르멜의밤

성체앞 무릎꿇고 묵상속의 어두운길
하느님 누구이며 나는또한 무엇인가
잡힐듯 놓쳐버린 보일듯이 없구나

하느님 전부이고 나는또한 허무이네
예수님 미소속에 그분모습 나의모습
당신은 사랑이요 나는당신 사랑의꽃

예수님 당신께

예수님!
나의 사랑하는 님, 나의 좋은 벗이여!
당신과 나 사이에 자리잡고 있는
무한한 공간을 향해 내 마음을 수놓아 봅니다.
깜깜한 밤, 한하늘을 입고 한땅을 딛고 한아버지 안에 살면서도
사랑하는 사람을 아무리 외쳐 불러봐도 소리 없는 메아리밖에는
들을 수 없는 가르멜 수도원의 침묵의 밤입니다.

이 아름다운 밤하늘 아버지의 사랑이 천리 만길 온 누리에
아무런 흔적도 없이 감싸있다고 생각하니 평화로운 이 밤에
감히 우러러 볼 수 없는 하늘을 보며,
'찬미 받으소서. 우리들의 아버지!' 하고 부르면
마음 깊은 곳에서 환희의 메아리가 울립니다.

하느님과 우주,
그리고 인간의 만남인 이곳 산촌은 여전히
자신의 모습을 조화있게 변화시켜 가고 있지만 유독
인간만은 자연의 외적인 적응과 변화처럼
자기 탈바꿈이 어려운 것 같습니다.
자유인이 누리는 특권인 여유마저도 적어도 외형만은 이 범주를

벗어나고 있지 못하다는 것을 절감하고 있기 때문입니다.
응당 수많은 도전을 강요당하고 순간순간
마음의 결단을 요구하는 인간사이기에
고뇌와 아픔이 수반되지만
모든 것이 마음대로 만사가 성취된다면
인간으로서 삶을 누려야 한다는 것이
과연 가치로운 것인가 자문해 봅니다.

다행하게 그렇게 할 만한 능력이 주어지지 않았고
주셔야만 받고, 행하고, 드릴 수 있는
당신의 섭리에 다만 탄복할 뿐입니다.

우리 하루하루의 평범한 삶이
단조로운 가운데 기쁨으로 엮어지지만
그 삶이 영원한 당신의 시간 속에
새겨져 간다고 생각하니 다시 한번 숙연해집니다.

'많은 시간의 아픔보다 순간순간 오로지 당신께만 마음을
다할 때 당신의 십자가를 덤으로 주심을 발견합니다.'
하오나 나의 무능을 알기에 오늘도
도움의 은총을 청하며
스스로 존재할 수 없음을 알기에
아버지의 자비에 의탁하는 마음으로 이 빈 두 손을 벌리옵니다.

예수님!
하느님의 사람이 되기 위해 숨어서 산다는 것
모든 사람들이 나에게 아무 것도 발견하지 못할 때
나는 오로지 당신께 속해 있음을 보게 될 것입니다.
하느님의 사랑이 나의 사랑이 되는 것
당신과 함께 삶을 엮어 가고
당신의 뜻을 받들고자 노력하는 것이 바로
나의 유일한 희망이고 행복이기에
한 곬, 이 삶을 오로지 당신께 돌려 드리는 천국의 기쁨을
맛보는 그런 삶인가 봅니다.
사랑하는 예수님!
이 말이 우리의 모든 것을 이야기하여 주듯이
나도 사랑한다고
당신을 사랑한다고 말씀드리고 싶습니다.

예수님!
당신은 존재의 원천이시고 스스로 존재하는 분,
본체로서 존재이시며
모든 피조물은 당신께 참여를 통해서만 존재할 뿐이옵기에
나의 영혼이 당신 숨결 속에,
나의 의지가 당신의 뜻 안에,
나의 삶이 당신 존재의 신비 속에,
나의 육신이 당신 신비체의 한 부분에 속할 때

나의 전부가 바로 당신이심을 나의 전부가 당신이심을……

그러기에 숨어서 산다는 것
당신 아닌 어느 누구의 기억 속에서 사라진다는 것
아마 그것은 나의 하나의 바람인지도 모릅니다.

나는 수도자가 되기 위하여 사제가 되기 위하여
이 수도원에 온 것이 아닙니다.
그것은 다만 당신을 사랑하는 한 길로서 선택받은 것뿐이고 최
종 목적은 하느님 바로 아버지이십니다. 그러기에 나는 그 모습이
어떠한 상태이건 당신을 사랑하렵니다.
사랑하는 것!
바로 그것이 나의 소명입니다.

가르멜의 부활

가르멜의 봄은 어느 계절보다 아름답다.

수도원 울타리에는 노란 병아리들이 줄지어 행진하고 가르멜산 양지쪽에는 분홍치마를 입은 조그만 계집아이들이 모여 앉아 이야기를 한다. 아무도 찾지 않는 오솔길에는 하얀 옷을 입은 꼬마 신사들이 나그네를 맞기 위해 도열하고 있다.

흰 대지는 어느 새 초록 물결이 넘실거리고 그 흥에 겨워 아지랑이들은 아롱다롱 노래하고 나비들은 춤춘다.

가르멜의 봄밤은 어느 때는 보다 깊고 깊다.

깜깜 깊은 산골짜기 솔밭 숲에 달이 걸리면 하느님과 나 사이에 침묵이 드리워지고 님의 음성 듣고 싶어 침묵에 귀 기울이고 님의 마음 알고 싶어 고독 속에 입 맞추며 님의 사랑 느끼고 싶어 님의 사랑을 마신다.

가르멜의 4월은 어느 시기보다 아픔 속에 희망한다.

님이 가신 길 나도 걷고자

님의 모습 나도 닮고자

님의 뜻을 나도 받들고자

가시관 · 고함소리 · 편태 · 통곡소리 · 십자가……

하지만 부활의 승리 · 환희의 기쁨 · 축복의 날이 온다.

가르멜의 꽃

살고 싶어라 살고 싶어라
가르멜의 아름다운 골짜기에서
언제부터인지 모르나 내 안에
살아 계시는 내 님과 함께

숨고 싶어라 숨고 싶어라
이름 없는 작은 꽃 되어
내 의향 물어 보시는
내 님만 바라보고

피고 싶어라 피고 싶어라
가르멜 산에 복되신 동정 마리아 품에
내 영혼 육신의 숨결이
님을 향한 사랑으로

노래하리라 노래하리라
야훼의 그 사랑에 목말라
내 혼에 불사르며……

가르멜의 수방

그 옛날 어릴 적 몽땅 크레용을 짓눌러 이겨 붙인 듯한 태양의 열기가 지나고 가을의 서늘함은 내가 어디에 얼마 만큼의 크기로 존재하고 있는지 생각하게 합니다. 없어졌다고 생각하는 그 순간조차 무로 돌리는 그 마음에서도 엄연히 존재하고 있는 자아를 발견합니다.

사랑하는 나의 수방 안에 가득한 침묵, 고독과 평화는 바로 나의 삶의 터전에 자리잡고 있는 공간이지요. 십자가만 바라볼 수 있는 수방 그러면서도 "나"에게 위로가 되는 것은 "소년 예수"라는 나의 수도명의 현의(顯義)이지요.

사람의 기억 속에 멀어져 간다는 것, 잊혀진 삶, 숨어서 산다는 것 그런 가운데 하느님의 사람이 되어 그분의 원의가 이루어지길 기도에 몸담고 사랑의 삶을 엮어 가는 것이 가르멜인으로서의 저의 소명이지요.

가르멜 수도자는 살아 있는 하느님을 섬기는 사람입니다. 달리 살아 있는 하느님이 아니라 진실로 아들이 아버지와 성령 안에서 이야기하는 성 삼위 안에 그 안에 살아 있는 것입니다.

"〈가르멜〉이란 하느님께서 인간들을 당신께로 부르시는 산(山) 이름입니다. 하느님의 절대적 초월성에 사로잡힌 인간의 메마른 얼에 하느님은 순수한 사랑으로 그 갈증을 풀어주는 것이 가르멜입니다.”

　　가르멜의 아름다움은 단순성에 있습니다.
성모 마리아께서 구세주의 어머니가 되셨듯이
그렇게 모든 것을 받고 모든 것을 다 드리는
단순성의 아름다움이 있는 것입니다.

관상가

관상가들이 가는 길은
예수 그리스도
십자가에 죽으신 예수님의 뒤를 따라가는 길,
위로와 위안의 길이 아니요, 어둔 밤 가시밭길임을,
세상에서의 위로는 우리가 멸시해야 할 것이고
우리가 추구하는 것은 이 세상의 것이 아닌
영원만이
우리의 소유임을……

관상가들의 아름다움은 성장하는데 있기에
하느님과 완전한 일치가 우리의 목표요 이상이며
이렇게 무한하게 하느님의 전능에까지
단계적으로 성장하고 있습니다.
신비적 일치가 없을 때 우리 인생은 실패작이 되고 맙니다.
관상가들은 그러기에 하느님을 보는 눈,
끊임없이 갈구하는 눈이 필요합니다.

가르멜의 영혼

가르멜의 영혼은 침묵의 중요성을 강조합니다.

밤낮으로 하느님의 법을 묵상하고 끊임없이 기도하라는
가르멜의 회칙을 지키기 위해서는 절대적으로 필요한 것은
고독, 침묵, 사랑, 절제, 노동입니다.

고독, 침묵 없이 기도는 불가능하고
기도 없이 하느님과 일치는 불가능하며
하느님과의 일치 없이 교회적이며 사도적인 이상은
더욱더 실현 불가능합니다.

가르멜 사람은 숨어서 살아야 하는 영혼이기에
조용히 안에서 익히는 석류알처럼 하느님과의 일치를 위하여
성모님이 당신 품안에서 준비시켜 주십니다.

야훼의 사랑에 불타고
하느님의 뜻을 밤낮으로 묵상하는
가르멜의 영혼들은 평범한 삶 속에
자신을 드러내지 않지만 비범한 삶을 갈망하는 영혼들입니다.

영성의 언어들

침묵은,
내적 침묵은 하느님을 대면할 수 있는 공간이며
사랑은,
순수한 사랑은 하느님의 기쁨이 될 수 있는 언어이며
겸손은,
비움의 겸손은 하느님을 잉태할 수 있는 생명입니다.

기도는,
열절한 기도는 하느님을 찬미할 수 있는 힘이며
신앙은,
온전한 신앙은 하느님을 찾는 최후의 보루이며
신뢰는,
단순한 신뢰는 하느님의 자비를 감사하는 모습입니다.

순종은,
기꺼운 순종은 하느님의 뜻을 받드는 마음이며
가난은,
무아의 가난은 하느님과 일치할 수 있는 도구이며
정결은,
순결한 정결은 하느님을 뵐 수 있는 증표입니다.

자연의 영가

소리 없는 음악인 침묵의 고요 속에 피조물들은 그들만이 알 수 있는 기도를 올리고 있습니다. 그들이 올리는 아름다운 노래는 하느님을 향해 올리는 사랑의 기도입니다.

그들은 그분이 원하시는 피조물이 되길 소원이고 침묵을 할 줄 알면서도 누구인가 그들을 필요로 할 때 생명에 빛을 반영할 수 있게 그들은 기꺼이 자기의 생명을 바칩니다.

그들은 누구도 인정하려 들지 않고 자신들의 존재조차 기억 속에 멀어져 간다해도 그들은 하느님의 사물로써 하느님의 원의만이 이루어지길 기도할 뿐입니다. 감히 나로서는 그들의 거룩한 잔치에 참여할 자격조차 없지만 그들이 바치는 사랑의 산 제물에 숙연해짐은 어쩔 수 없습니다.

피조물들은 하느님을 사랑하는 것 그것만이 그들의 모든 것을 이야기해 줄 수 있습니다. 하느님의 고귀한 사랑의 은총을 그들은 결코 헛되이 낭비하지 않고 하느님이 정해 주신 자연의 질서에 언제나 순종하고 있습니다.

우리가 사물을 보는 눈이 순수하다면 그들이 올리는 생명의 향연과 존재의 고귀함, 그리고 그들 안에 하느님이 각인한 신비에 경탄과 기쁨의 환호성을 올릴 것입니다.

아버지와의 만남

나의 가장 사랑하는 아버지!
나는 나 자신을 잘 알지 못하지만
아버지의 마음을 조금 알 수 있는 것은
나보다 아버지를 더 가까이 느끼고 있기 때문입니다.
전능하신 아버지 앞에 머무름이
사랑의 한 표현이라면
아버지 앞에 머무름은
내 전 존재의 사랑이 됩니다.

아버지 앞에서 무(無)!
그것은 아버지의 현존을 바라보는 것만으로
나는 흡족하기 때문입니다.
그것으로 나는 자신의 존재 가치를 인식할 수 있고
아버지 앞에 조용히 머물러 있으면
만남이 무엇인지 알 것 같습니다.

아버지!
아버지가 나를 사랑하시는 것처럼
아버지를 사랑하려면
아버지의 사랑을 빌릴 수밖에 없나 봅니다. 그것은

아버지를 사랑했었고!
사랑하고 있고!
사랑하고 싶고!
사랑하고자 하기 때문입니다.
아버지의 사랑이 나의 사랑이 될 때
모든 피조물들이 저에게 아무 것도 발견하지 못할 때
나는 오로지 아버지께 속해 있음을 알게 될 것이옵니다.

아버지와 나!
그것은 끊을 수 없는 불가분의 관계입니다.

나의 예수님

예수님!
당신의 현존 앞에 머물러 있음이
당신에게 조금이나마 기쁨이 된다면
저는 늘 이곳에 꿇어 있으렵니다.

예수님!
당신께 드리는 통회의 눈물이
당신 아픔을 잠시나마 씻을 수 있다면
저는 몇 날 며칠이라도 사랑을 바치오리다.

예수님!
당신께 올리는 작은 마음의 노래가
당신의 영광과 찬미에 보탬이 된다면
저는 수많은 달과 해가 돌아와도
노래를 읊어 올리오리다.

예수님! 당신을 바라고 기다림이
당신 뜻에 의합된다면 저는 영원히 기다리오리다.

예수님 마음

예수님 오늘은 용기를 주시옵소서.

당신은 저의 모든 것을 저보다 더욱 잘 알고 계십니다. 당신을
만나지 못하고 당신을 잡지 못하고 당신을 느끼지 못하여 아파하
고 방황하는 저를 너무나도 잘 알고 계십니다. 언제부터인지 하루
에도 수없이 무너집니다.

방황하는 삶,
공부와 기도는 더욱더 어렵고……
무엇인가 하루하루 열매 맺지 못하는 삶,
자꾸자꾸 허무 속에 허우적거리는 몰골
이제는 바라보기조차 두렵습니다.
회개와 통회의 가슴을 쳐보아도 굳어버린 마음,
도대체 어떻게 된 것인가 아무리 결심을 굳혀도 잠시뿐,
아무리 오랜 시간 감실 앞에 머물러 있지만 굳은 마음은
은총의 빛이 스며들 틈도 없나 봅니다.
왜……!
당신의 마음을 보고 싶고
느끼고 싶고
닮고 싶습니다.
그래서 다시 돌아가렵니다. 단순한 어린이처럼
길을 잃고 방황하는 어린이가 엄마 품에 돌아오듯,

가난한 걸인처럼 스스로의 힘으로는 빌어먹을 힘조차 없는
아쉬움투성이의 가난한 자처럼 그 자격조차 없지만
그분의 발치에 앉아 시중드는 종처럼
세상사 인간사의 모든 것을
마음으로부터 멀리하고 당신께로……
내 이웃의 바람조차 당신 앞에서는 오직 조용히……
무엇을 이루고자 하는 열망도 어떤 인간이 되고자 하는
갈망도 꿈도 모두……
다만 순간순간 나에게 원하는 뜻이 무엇인가
묵상하며
당신의 섭리에 맡겨 드리며
이 나그네길을 가렵니다.

봉헌된 삶

예수님!
오늘 하루도 당신을 사랑할 수 있게 해 주시옵소서.
자연은 하느님의 손길에 따라 본 모습을
우주 안에 드러낼 때까지 침묵 속에 잠겨 있습니다.
인간의 사고방식이나 인간의 눈으로 볼 때 어리석은 것 같은
침묵이 하느님 안에 가치로운 것이 아닐까 생각해 봅니다.

예수님!
우리는 성모님의 성심을 닮으렵니다.
성모님보다 예수님을 더 사랑한 사람은 없으니까요.
언제나 입가에 미소를 띠면서 우리의 사건보다
우리의 노력과 마음을 더 좋아하시는
예수님을 기쁘게 섬기며 살아가렵니다.
고통스러울 땐 소리로부터 해방된 한 구석에 자리하고
심장의 고동을 의식하며 하느님을 힘껏 외쳐 불러 봅니다.
그리고 하늘을 우러러보고 마지막 힘을 모아
이 어두운 밤을 걷고 또 걸어갑니다.
지존하신 그분의 원의대로 맥박의 한 뜀, 한 방울의 땀과 피,
발자국 하나, 잠시의 쉼도 더욱 더 예수님을 사랑하기 위해
이 순간 순간 모든 것을 봉헌합니다.
예수님과 함께 살기 위해 어머니 마리아의 사랑으로……

고백

사랑하는 예수님!

한 인간이 진실로 당신을 사랑하기 위해서는 수많은 날들의 아픔이 있어야 하나 봅니다. 그것은 시련 속에서 고통과 슬픔 자기 비참이라는 올바른 자아의 모습을 통해서만이 당신의 사랑을 알 수 있기 때문입니다.

당신의 사랑에 '예'라고 고백할 수 있는 힘마저도 당신의 은총임을 저는 알고 있습니다. 내가 가진 것은 하나도 없기에 지금 내가 가진 모든 것도 당신의 것이기에 우리의 성소에 대한 응답도 당신의 것임을 고백합니다.

한 인간이 당신으로부터 받은 소명의 표는 한 인간의 인생의 의미와 그에게만 주어진 이름을 발견합니다. 그때 자아는 평화와 기쁨이 수반되고 많은 시련을 이겨낸 후 한 줄기 섭리로부터 오는 미소는 그를 지켜보고 함께 했던 영혼에게 희망을 줍니다.

당신께서는 우리의 처지와 소망에 대해 깨끗한 마음을 가지라고 요구하십니다. 결국 당신은 그 마음의 참된 가치를 당신만이 알고 있는 그 마음이겠지요!!

사랑하는 예수님!
나의 둘도 없는 벗이여!
당신을 사랑한다고 고백하는 이 말은 우리의 모든 것을 말해 줍니다. 당신을 사랑하는 것 그것만으로 만족하기 때문입니다. 그러면서도 사람의 기억 속에서 멀어져 가야만 한다고 생각해 보면서도 저는 가끔 한 인간으로 자신의 모습을 되돌리고 싶은 충동을 느끼곤 합니다.

사랑이 강할수록 고상한 인격체를 찾듯 제 사랑이 커갈수록 사랑하는 이웃에게 사랑을 고백하고 저 역시 깊이 사랑을 하고 싶으니까요. 그러면서도 이웃에게 자신의 솔직한 일면만을 제시하고 언제나 자신으로 되돌아오는 것은 당신이 누구보다도 저를 잘 알고 계시듯 저는 당신의 사랑을 잃을까 두렵기 때문입니다.

사랑은 당신의 영역이고 하늘의 맛을 가져다주지만 그것이 인간적인 것으로만 머무르게 된다면 그것은 당신 밖의 것이고 당신의 사랑과는 무관하기에 언제나 신중함과 지혜를 당신께 청하는 것입니다.

예수님 언제나 저의 사랑은 저의 것이 아닌 당신의 사랑으로 사랑이 되게 하여 주옵소서. 참으로 당신의 원의가 저에게, 저를 만나는 이웃에게 당신을 사랑하는 인간들 안에 이루어지길 기도합니다.

성모님

성모여!
나의 어머니 마리아여!
이 얼마나 아름다운 이름인가요

당신을 위해
온 밤을 지새우면서 장미로 엮어 만든 꽃다발로
당신의 머리에 꾸며 드리오리다.

나의 눈동자보다 생명보다 더 사랑하는 마리아여!

당신께 대한 나의 사랑을
아름다운 상상으로 꾸밀 수도
고귀한 언어로 말씀 드릴 수도
멋진 시로 읊을 수도
고운 노래로 부를 수도
예쁜 그림으로 그릴 수도
환희의 미소를 지을 수도
거룩한 삶으로 나타낼 수도 없지만

나의 어머니 마리아여!
당신을 향한
나의 눈물과 이 비워진 가난하고 작은 마음은
모든 것을 말해 줍니다.
예수님 언제나 저의 사랑은 저의 것이 아닌 당신의 사랑이 되어 주시옵소서. 참으로 당신의 원의가 저에게, 저를 만나는 이웃에게 당신을 사랑하는 인간들 안에 이루어지길 기도합니다.

성 요셉의 종

인간은 땅으로부터 높이를 재고
하느님은 하늘로부터 높이를 재기에
당신은 하늘과 땅을 연결시켜 주기 위해
허공에 달려 있습니다.

당신은 침묵할 줄 알면서도 언제나
누구인가 당신을 필요로 할 때
당신의 그 은은한 생명의 소리로 영혼의 잠을 깨웁니다.

당신은 자유의 종이지만
하늘과 땅의 주인을 위해
그 자유마저도 돌려 드렸습니다.

당신의 겸손은 하늘의 말씀을 전하고
땅의 기도를 봉헌합니다.

그러기에 당신의 존재는 당신을 위해 있는 것이 아닙니다.

성소

소년 예수의 베르나르도!
너는 무엇 때문에 수도원에 왔니?

예, 예수님!
나의 삶이 오직 당신의 삶의 한 모습이길
나의 사랑이 오직 당신 사랑의 한 표현이길
나의 의지가 오직 당신의 뜻을 받드는 한 마음이길

당신을 사랑하고
당신을 나타내고
당신의 뜻을 이루는 것,
그 이상도 이하도 아닌
오직
당신을 사랑하기 위해 이곳에 왔습니다.

님과 나

님이여!
당신이 나를 알고 계시듯
나도 님을 알고 싶습니다.
당신이 나를 사랑하고 계시듯
나도 님을 사랑하고 싶습니다.
당신이 나를 꿰뚫어 보고 계시듯
나도 님을 뵙고 싶습니다.
당신이 형제들을 사랑하셨듯이
나도 형제들을 사랑하고 싶습니다.
당신이 형제들을 위해 목숨을 바치셨듯이
나도 형제들을 위해 아버지께 봉헌하겠습니다.

하오나 나는 나의 무능을 알기에
당신의 도움의 은총을 청하오며
나는 스스로 존재할 수 없음을 알기에
당신의 자비에 의탁하옵니다.

당신의 사랑이 나의 사랑이 되고
가난 속에 존재하는 나의 유일한 희망과 신뢰는
당신의 자비이기 때문입니다.

현존의 등불

침묵의 밤입니다.
고독의 밤
가르멜 수도원의 평화의 밤입니다.

여기
스스로 자유인이면서도 그 자유 의지마저
하느님께 돌려 드리고
보이지 않는 높은 담 속에서
소리 없는 외침은
님을 향한 사랑의 노래인가 봅니다.

빈 마음 가난한 마음 나를 비우고
자아를 죽인 마음의 노래는
그 무엇도 하느님 이외에는 차지할 아무런 것도 없이
다만 님의 현존을 알리는 등불들인가 봅니다.

우리는 가르멜 산의 한 울타리 안에서
한 하늘을 입고
한 땅을 딛고
한 아버지 안에
하나의 형제 자매로 불러주신
이 오묘한 섭리에 무엇으로
하늘 아버지께 보답을 드려야 할까요?

기도

하느님!
나에게 힘이 있다면 하느님 아버지를 향한
한 눈길……
한 미소……
하나의 마음……
기도할 수 있는 작은 힘……!
아직도 멀고 멀었지만 저는
하느님 앞에 정말 아무 것도 할 수 없음을……
그렇지만 하느님이 나의 아버지이시고
나의 엄마가 성모님이심을 믿기에
이 두 빈손을 벌리옵니다.

나의 작은 이 기도가 아버지의 기쁨이 되고
하느님을 찾는 이들과
아파하는 이들과
감사하는 이들과
영원히 함께 할 줄 믿습니다.
나는 그것을 위해 아버지께로부터 왔으며
기도의 집에 부름을 받았으니
기도는 나의 친한 벗이고

정다운 형제이며
나의 행복한 소명입니다.

하느님을 사랑하는 것만이 참된 자유입니다.
하느님 안에서 피조물을 사랑할 때
참된 사랑을 실천할 수 있습니다.
하느님이 우리를 얼마나 사랑하시는지를
아는 만큼
이 지상으로부터 참된 자유를 누릴 것입니다.

겸손을 바탕으로 기도하고픈 나의 마음은
하느님 아버지께로
향하고,
변화하고,
나의 삶 속에 하나의 사랑의 기적을 창출하여
기도하는 사람 자신의 것이 아닌
하느님의 것,
하느님의 사람이 되기 위해
오늘도 기도합니다. 이 사랑은
삼위일체의 영원한 사랑 안에 함께 하게 됩니다.

님의 사랑

님의 슬픔 때문에
님이 달린 십자가 밑에서
쏟을 수 없는 울음을
가슴에 한겹 한겹 저미며

님의 사랑 때문에
님이 없는 무덤 앞에
말없는 통곡의 소리는
침묵 속에 잠재우고

님의 기쁨 때문에
님이 떠난 바위 곁에
잊어버린 마음의 아픔을
환희로 꽃 피우기 위해

인간성이 죽는 아픔을 견디며
천주성의 거룩함으로 화하기 위하여
오늘도 님의 사랑은
나의 사랑과 같지 않음을 바라봅니다.

하늘의 눈물

메마른 인간사의 찬바람에
하늘은 아픔을 주체할 수 없어 통곡하였네.
서로가 서로의 이웃이 되지 못한 우리의 가슴 속에는
텅 빈 공허만이 있네.

남루한 옷차림으로 세상에 지쳐 돌아온 그 자리에
나를 위해 눈물 흘리신 님의 사랑은
가난한 영혼에 님의 생명을 싹 틔우네.
님의 사랑은 인간의 사랑과 다름을 보네.

인간사의 사랑 노래에 지쳐
빈 마음으로 돌아온 그 자리에
나를 위해 십자가 지신 님의 고통은
아무런 가짐 없는 작은 마음에
님의 소리가 울리네.

님의 마음은 인간의 마음과 다름을 보네.

영혼의 사막

어두운 밤에
　　한 영혼의 사막에 타오르는 불길은
　　　인간 세상사의 어두움을 밝혀주는
　　　　등불입니다.

고독의 밤에
　　한 영혼의 사막에서 길러내는 샘물은
　　　인간 세상사의 죽음의 그림자를 물리치는
　　　　생명입니다.

침묵의 밤에
　　한 영혼의 사막에서 피어오르는 기도는
　　　인간 세상사의 메마른 얼을 적셔주는
　　　　사랑입니다.

사랑의 일각(一角)에서

하느님과 자연과 인간이 만나 조화를 이루며,
'유(有)의 유한(有限)이 무한(無限)의 것으로 변형되어 가는'
가르멜의 아름다움

'내가 어디에, 얼마만큼의 크기로 존재(存在)하고 있는가'를
생각해 주는
침묵(沈默)과 고독(孤獨)의 공간(空間)인 나의 수방(修房)

어두운 밤에 타는 성체등(聖體燈)의 현존(現存)은 순간 순간
영원(永遠)으로 변화되는 영혼의 실존(實存)

유(有)가 무(無)로의 비움은, 공(空)이 허(虛)하지 않는 없음은,
무한(無限)을 향하는 생명의 향연(饗宴)

인간사(人間事)의 노래에 지쳐 돌아온 그 자리에
님의 사랑이 나의 사랑과 같지 않음을 바라보는 자아(自我)

모순(矛盾)과 갈등(葛藤) 속에서도
님을 향하고, 바라보고, 나아가려는, 유한(有限)으로부터
탈출(脫出)하려는 몸부림

현실(現實)의 삶이 모순(矛盾)과 죄(罪)의 너울 속에서도
내면(內面) 깊숙이 완전성(完全性)을 향하려는
저항(抵抗)할 수 없는 강한 힘

슬픔과 고통(苦痛)이 무엇인지를 느껴볼 겨를도 없이
잃어버린 시간(時間)을 반성하며
님과 나누임 없는 순수한 마음을 청하는 회심(回心)

시련(試鍊) 가운데서도
하늘에 연을 띄우기 위해 조용히 하늘을 바라보며
님의 침묵(沈默)과 평화(平和)를 읽고 싶은 마음

하루의 단조로운 삶 안에서도
큰 사랑의 약동(躍動)과 새로움을 창조(創造)하는 소리 없는 힘

고통스러울 땐 소리로부터 해방(解放)된 한구석에 자리하고
심장(心腸)의 고동을 의식하며 님을 향해 불러보는 외침

님의 사랑을 닮고자 침묵의 저편을 향하여
내 마땅히 가야할 그 사랑의 일각(一角)에서
님께 그대로 드림이 나의 기도(祈禱)

하루를 땀 흘린 가난한 손을 하늘로 향하고,
감사와 찬미의 시편(詩篇)을 마디마디 애절히 읊는 성시(聖詩)

현존(現存)의 기쁨, 죄(罪)의 아픔, 사랑의 환희(歡喜),
기다림의 희망(希望), 고통(苦痛)의 눈물, 인내(忍耐)의 용기,
지혜의 겸손(謙遜), 존재(存在)의 혼(魂), 영혼(靈魂)의 숨결

님은 크시고 나는 작고,
나는 작은 것을 준비하지만 님은 그 가난에 맞추어
나를 이끄시는 님의 섭리(攝理)
지존(至尊)하신 님의 원의대로
맥박(脈搏)의 한 뜀, 한 방울의 땀과 피, 발자국 하나,
잠시 쉼의 소중(所重)함도 순간 순간 바치는 봉헌(奉獻)

소리 없는 심연(深淵) 속에 안으로
밝게 타는 사랑을 겸손(謙遜)과 순종(順從) 안에
조용히 드러내는 형제들의 모습

한 하늘을 입고, 한 땅을 딛고, 한 울타리 안에서
한 눈길, 한 미소, 하나의 마음이 되는 형제(兄弟)

열정(熱情)과 온유(溫柔)와 애통(哀痛)과 갈망(渴望)은
희망(希望) 속에 사랑이 가득 찬 눈길로 하늘을 향하여

경탄(敬歎)과 솟구치는 희열(喜悅)과 탄복(歎服)을 함께
올리는 삶의 노래

삶이 죽음이기에 이 기쁜 죽음을 통해서 언젠가
이 긴 여로(旅路)의 마지막 날 지친 나의 몰골을 보이며
슬픈 미소(微笑)가 기쁜 미소로 변할 그 희망(希望)의 날

침묵(沈默)에 귀 기울이고, 고독(孤獨)에 입 맞추고, 사랑을 마
시며,
님이 가신 길 걷고자, 님의 모습 닮고자,
님의 뜻을 받들고자, 아픔 속에 희망(希望)하는 나날들

겸허(謙虛)히 새로운 날을 기다리며
빈 마음, 가난한 마음 안에
사랑과 인내(忍耐)와 의지(意志)로 가는 외길

인간성(人間性)이 겪는 아픔을 견디며
천주성(天主性)의 거룩함으로 화하기 위해
오늘도 님의 사랑은 나의 사랑과 같지 않음을 보며……

인내

세상의 삶이 하나의 섭리이기에
우리의 사건 하나 하나를 소중히 대하며
간직해야 할 것 같기에
우리의 만남도 소중함을 보관하고 싶습니다.
마음의 글을 써 보낼 수 있는 벗이 있다는 것도
하나의 소중함이 아닌가 생각해 봅니다.
사람이 만나는 과정도 아름답고
사랑은 하느님의 영역이고 하늘의 맛을 가져다주는데
이 세상의 많은 사람들 중
인연을 맺고 사는 사람들은 극소수에 지나지 않고
한 하늘, 한 땅, 그리스도 안에 한 형제 자매이면서도
함께 하지 못함에 안쓰럽기만 합니다.
자신을 돌아볼 수 있는 사순절을 지내고 난 후
부활의 기쁨 속에 느낀 것은
사람이 아파할 수 있다는 것
자기의 삶에 대해 반성하고 돌아올 수 있다는 것은
얼마나 고마우신 하느님의 은총이며
고통과 시련 후(後)에만
참된 부활의 의미를 알 수 있을 것 같습니다.
그러기에 수도생활도 하늘의 은총을

인내로이 기다리는 시간이 필요한가 봅니다.

인내(忍耐)란

한자 그대로 마음속에 칼을 품고 있다는 것을 뜻하며

물리적인 힘을 정신적으로 억제한다는 뜻이고

그리고 견디어냄을 뜻합니다.

참는다는 것은 단련한다는 뜻과 상통하는데

성서에 "환난은 인내를 인내는 단련을 단련은 소망을 이룬다"

는 말씀이 있습니다. 그런데

그것은, 가만히 눈을 감고 앉아 있는

소극적인 인내가 아니라 나서서 힘을 기르는

적극적인 인내입니다.

자기를 정복하고 완성시키는 최고의 무기임을 봅니다.

거친 바위가 고운 흙이 되듯이

그렇게 끝없이 자아를 부수어 하느님과

하나가 될 때 비로소 완성에로 향하여

목표에 도달하려는 것은

수도하는 수도자로서의 소명을 다하는 것입니다.

사랑의 길은 바로 자기의 희생으로서만 완성됩니다.

평화

침묵 위 저편에서 울려오는 메아리의 울림을 듣고 길을 떠납니다.

하느님의 눈길은 끝없이 새로운 생명을 잉태하기에 세상은 생명의 맥을 잇고 살아갑니다. 한 조각 구름, 밝은 햇빛, 바람 한 줄기, 인간의 한숨에서도 생명의 혼이 담겨 있습니다.

숲 속의 호수는 누구도 찾아주지 않지만 조용히 하늘을 자신 안에 드리우고 살아갑니다. 언제나 하늘에 반해 버린 그 마음 안에 하늘을 안고 사시길……

'너희에게 평화가 있기를!'

현대를 살아가는 우리는 자기 고립 속에, 자기 폐쇄 속에 괴로워합니다.

우리 자신이 진정으로 갈망하고, 가장 요구되는 것도 평화, 예수 그리스도의 평화일 것입니다. 이것은 내가 안고 있는 것이 내 문제이고 그 문제의 해답 역시 내가 가지고 있다는 것입니다. 내가 판단하고, 미워하고, 사랑하지 못하고, 용서하지 않는 이웃들이 실은 내가 사랑을 드려야 할 예수님이고 내가 구원할 구원의 대상임을 봅니다.

　하루하루 되풀이되는 일상사 안에 나도 모르게 축적되어 온 오해의 벽, 마음의 찌꺼기, 나태의 오물, 어두운 구석을 부수고, 버리고, 묻고, 비울 때 곧 일상의 평범한 하루하루 안에서 내 자신을 하느님 안에서 실질적인 행동을 통해 구체적인 현실로 이루어서 조금씩 밝혀 나갈 때 그것이 곧 나와 이웃을 위한 구원이 됨을 봅니다.

　십자가를 지고 산다는 것은 하루하루 다가오는 삶의 무게를 침묵 속에서 묵묵히 참아 견디며 지고 가는 것입니다. 그 십자가를 기꺼이 끌어안을 때 그 안에서 그리스도의 참된 평화를 만나게 됩니다.

고독

진정으로 하느님을 찾는 사람은 누구입니까?

'홀로 계신 하느님과 함께 홀로 있기를 갈망하며 고독을 사랑하는 사람', 그들이 바로 하느님을 찾는 사람이 아닐는지요. 왜냐하면 그 고독은 하느님의 사랑으로만 채워질 수 있기 때문입니다.

하느님의 사랑은 무엇입니까?

그것은 자신만이, 자신이 자신 안에 가지고 있는 가장 아름답고 영롱하며, 강하면서도 부드러운, 삶 안에서 변화될 수 없는 것, 그것이 바로 '하느님의 사랑'입니다. '나이도록 하며, 나이게끔 하며, 내 존재 전체'를 상징하는 '내 마음의 등불'이고 '생명'이고 '힘'인 것 그것이 바로 '하느님의 사랑'입니다. 이 사랑을 우리가 간직한다면 세상에 그 무엇도 아쉽지 않습니다.

우리가 찾는 이 '고독'은 무엇입니까?

'그것은 세상이 말하는 감상적인 고독을 의미하는 것이 아닙니다. 하느님을 만나 하느님으로 채워지기 위하여 내가 온전히 무(無)가 됨을 의미하며 그 안에서 거짓된 자기와의 끊임없는 실존적 투쟁을 통해 우리가 그리스도화되는 변형의 용광로를 의미하는 것입니다.

그 '고독'은 그 자체의 머무름만으로 끝나지 않고 자신이 비워

졌기에 이웃 형제들의 필요와 아픔, 요구가 무엇인지에 대한 세상의 떨림을 전 존재로서 느끼며 공유하여 예수 그리스도의 성심으로 모든 것을 행하는 참다운 그리스도의 메아리가 됩니다.

　위대한 하느님의 사랑에 대한 열정이 없는 수도자에게 '고독'이란 치명적인 죽음과도 같은 것입니다. 하느님을 사랑하기에 하느님만으로 채워져 그분께 영광을 드리려는 우리이기에 온갖 집착과 강박과 미혹으로부터 자유로운지 되돌아 봐야 될 것 같습니다.'

　"하느님만으로 족하다"는 예수의 성녀 테레사의 말씀은 아버지의 뜻을 이루는 것이 당신의 양식이라 하신 예수 그리스도의 생애를 한 문장으로 요약한 것 같습니다.

수방

'아, 밤이여 길잡이여 새벽 도곤 한결 좋은 아, 밤이여 꾐하는 이와 꾐받는 이를 님과 한 몸이 되어 버린 괴이는 이를 한데 아우른 아하 밤이여, 하릴없이 나를 잊고 님께 얼굴 기대이니 온갖 것 없고 나도 몰라라. 백합화 떨어진 속에 내 시름 던져두고……'
– 십자가의 성 요한 –

보고픈 이여! 나는 나의 수방을 사랑합니다. 세상을 이 작은 공간 안으로 품을 수 있고 나만의 시간과 공간 안에서 사랑하는 모든 이들을 초대할 수 있기 때문입니다.

'더 깊이 사랑하였음에 침묵하였나니, 더 깊이 사랑함에 침묵하노니, 더 깊이 사랑하고파 침묵하고저 하노니'

'사랑이 깊어 깊어 공허한가 보다, 그리움이 깊어 깊어 벗이 그리운가 보다, 고독이 깊어 깊어 침묵이 필요한가 보다.'

'이 큰 집, 어느 작은 공간 저 많은 창문, 그것들 중 하나 창공은 넓어도 비추어 들어온 하늘은 손바닥만하고 대지의 푸른 생명력도 숨구멍으로 들어오는 땅 내음으로 갈증만 나고.'

'"우주를 안은 내 가슴도 사랑의 열병으로 답답하기만 하고, 일체 모든 것이 잊음이요"라고 하면 어느 새 세상들은 형태를 이루고 만다.'

'해가 뜨고 지면 달이 뜨고 지지, 세월의 흐름이 그분의 품안이지 옳거니 어-야, 가거라 머무르리라.'

바닷가 조약돌 위에 쓴 글과 그림을 이해하려면 바다가 쓴 시간만큼 인내를 가지고 읽는다면 언젠가는 이해할 날이 있겠지요.

언제부터인지 모르지만 흰 백지에 써 내려가는 글 하나 하나에 나의 과거와 현재의 모든 사랑과 슬픔, 기쁨과 고통, 그리고 작음과 한계를 모아 희망과 믿음과 사랑이라는 빛깔로 채색을 합니다.

수방을 지킨다는 것 그것은 혼자 있는 일에 점점 더 익숙해짐을 뜻하는 것이겠지요. 내가 내 자신의 고독과 침묵 안에 점점 더 깊숙이 뿌리박혀 갑니다. 혼자일 수 있다는 것이 오히려 편안합니다. 그렇다고 나는 철저히 세상 안에서 이방인이고 싶지는 않습니다.

살아갈수록 이웃들의 마음을 헤아리기가 어려운 것 같습니다. 세월의 연륜은 고맙고 우리를 성숙시켜 주지만 시간이 흐를수록 고유한 색상과 모방할 수 없는 독특한 자신만의 세계를 만들어 가기 때문이 아닌가하고 생각해 보았습니다.

우리는 머무르는 것 같지만 성장하고 있고, 주님께서는 우리의 성장이 시련과 갈등, 고독과 갈증, 메마름과 체념 등의 다양한 방법을 통해 강하게 그러면서도 생명의 신비 앞에 늘 머무를 수 있도록 안배해 주시는 것 같습니다.

'기쁨과 평화의 마음을 그대에게 드리고 싶습니다. 하늘이 열리고 땅이 반기어 웃는 생명의 환호를 말입니다. 고요함 안에 풍요롭게 하시는 사랑을 드리고픕니다.'

'아침에 일어나 하늘을 보고 나는 점을 치리라. 하늘이 열려 내 가슴에 던져 주는 느낌으로 일상의 연결을 고리 고리 엮어 먼 훗날 보이리라. 하늘 사랑 하늘 느낌 그것이 기쁨이었노라고.'

'아침에 떠오르는 해, 아침을 만남, 생명의 풍요와 기쁨, 생명의 신비가 그 안에 있고 창조주의 호흡이 이루어지고 있다. 아침에 하느님의 이름을 불러라, 그 옆에 그가 계신다. 그를 호흡해 보아라. 생명을 산다.'

'나도 선을 지향하고 그도 선을 지향하는데 그 사이 왜 마찰이 생기는가. 나도 사랑으로 살려하고 그도 사랑으로 살려하는데 그 사이에 왜 상처가 생기는가. 그 무엇은 무엇, 나도 십자가를 품고 그도 십자가를 품는데 그 사이에 왜 대립이 생기는가. 하늘을 향해 열려진 마음 내 옆에 있는 그……'

글을 마감할 때가 되면 하느님께서는 늘 새로운 마음으로 새롭게 시작할 마음을 주십니다. 또 세상이 아무리 어지럽다 해도 주님을 찾는 마음에는 늘 기쁨이 넘치나 봅니다.

성 프란치스코가 만난 하느님, 그 하느님을 글로 표현한 그 하느님을 인용해 봅니다.

"온전히 착하시고 어지시며 좋으신 분, 선과 사랑의 샘이신 창조주요 구세주이시며 참되신 하느님 외에는 다른 아무 것도. 그 홀로 자비로우시며 다정하신 분, 정의와 진실의 한 분이신 주님이시며 인자하신 하느님 외에는 다른 아무 것도.

그 홀로 거룩하시며 단순하신 분, 결백과 순결의 한 분이신 주님이시며 감미로우신 하느님 외에는 다른 아무 것도.

그분으로 말미암아 그분을 통하여 그분 안에서 회개한 속죄자의 모든 죄 씻으신 기쁨을 함께 누리는 모든 성도들과 의인들과 성인들에게 충만한 은총과 영광의 샘이시며 초찰하신 하느님 외에는 다른 아무 것도.

우리는 원하지도 기대하지도 듣지도 찾지도 생각하지도 말하지도 숨쉬지도 만족하지도 기뻐하지도 마음에 들어 하지도 맙시다."

지금 이대로의 시간으로 멈추어 버렸으면 하고 바라기도 합니다. 그러나 이 시간들이 지나고 나면 다시 안아 들여야 할 새로운 삶의 모습이 기다립니다.

다만 지금 주시는 일에 최선을 다한다면 주님은 좋은 일에 저를 쓰실 것이라고 믿습니다. 열린 가슴으로 따뜻한 사랑의 빛으로 주님과 함께 모든 이들에게 〈쉼〉이 될 수 있는 저 자신이기를 희망해 봅니다.

보고픈 이여! 수방은 나에게 깨어 있는 영혼들에게 사랑으로 바쳐야 할 일들이 무수히 많음을 알 수 있게 합니다.

사실 십자가만을 바라볼 수 있고 싸늘한 냉기의 침묵만이 나를 반기는 나의 작은 수방을, 내가 사랑할 수 있는 것은 사람의 기억에서 멀어져 가고, 잊혀진 삶 속에 숨어서 산다해도 하느님의 사람이 되고 그분의 원의를 이루기 위해 기도에 몸담고 그분과의 사랑의 삶을 엮어 가는 가르멜인으로서 나의 소명에 대한 희망 때문이지요.

초가을의 기도

초가을 저녁놀이 지고 내일의 희망 속에 하루의 삶의 터전으로 부터 하늘을 마음껏 들여놓은 솔밭 숲 수도원 앞 뜨락에 오손도손 형제들이 모여 앉아 도란도란 이야기꽃을 피울 때마다 별이 되어 하늘 가득 주렁주렁 달아 놓고 밝은 달을 손님으로 맞으며 두둥실 떠도는 흰 구름도 푸른 솔밭에 자리하여 앉고 구만리 먼 창공 너머로 오가는 다정다감한 마음들 안에 재 너머 골골을 타고 온 시원한 바닷바람은 성모님의 사랑이 아닐는지요.

산골짜기 깊고 깊은 산 속에 밤이 오면 하루를 땀 흘린 우리의 손에 비록 가난한 사랑이지만 감사의 마음의 노래들은 이 세상과는 전혀 다른 하늘을 입고 축복된 땅에 사는 하늘 시민들의 기도이지요.

하늘 아버지를 향한 찬미의 시편은 마디마디 애절하지만 우리는 다가올 희망에 가슴 부풀기만 합니다. 우리의 열정과 온유와 애통과 갈망 속에 희망은 사랑에 가득찬 눈길로 하늘을 향하고 경탄과 솟구치는 희열과 탄복과 함께 올리는 하나의 삶의 노래, 그러기에 우리의 양식은 침묵 속에 하늘을 향해 올리는 기도와 사랑의 마음들……

하느님은 우리 삶의 태양이시다
서원을 새롭게 약속하던 날

해바라기는 해만 바라보며 따라갑니다.
우리는 예수님만 바라보며 살아갑니다.
우리는 우리의 목숨을 팔아 영원한
생명이신 그리스도를 사겠습니다.
형제들의 정성어린 기도와 이곳을 스치고 간 많은
영혼들의 끝없는 열망을
하늘 아버지께서 축복해 주신 이곳에서
십자가의 종들은
오늘 새롭게 봉헌되었습니다.

하느님께서 우리에게 주신 이 소명에
충실하게 되기 위해 실로 엄청난
기도가 필요함을 느낍니다.
밝고 타는 듯한 모습 속에
겸손과 순종을 조용히 드러내는 형제들을
바라볼 때 하느님의 위대함을 느껴봅니다.
오늘의 이 봉헌이
작은 것이 모여 큰 것을 이루듯 가까운 곳부터
실천할 수 있도록 힘을 주시길 기도합니다.
우리의 존재의 시작부터 함께

살으시는 예수님께 봉헌되는 기도소리
고요 속에 당신의 현존을 사랑으로 물들이고
결국 아무런 조건도 없이
예수님은 모든 것을 받아 주셨습니다.
당신은 크시고 우리는 작고
우리는 작은 것을 준비하였지만 당신은
그 가난에 맞추어 인도하십니다.

우리가 지금껏 당신만을 위해 살아 왔다면
우리가 늘 당신께만 기쁨을 드렸더라면
우리가 항상 당신의 현존 안에
당신만을 사랑했다면 얼마나 좋을까요?

하지만 전 믿습니다.
그 잃어버린 시간은 우리가 완성되는 그때
영원한 시간 안에 포함됩니다.

결국 우리는 당신을 위해
살았고
사랑하고
기쁨을 드렸음을 알게 될 것입니다.

님의 뜻

하얀 눈이 온 세상을 덮은 오늘
세상의 모든 영혼들이 저 눈처럼
아름답고 순결한 영혼이 되길 님께 청하옵니다.

단조로운 하루의 삶이 연결되는 길고 지루한 인생길 안에
잠시 조용한 쉼을 누리고 있습니다.

좀 더 단순하고 순수하여야겠다고 생각하면서도
깊은 사념 속에 빠지는 저 자신을 만나곤 합니다.
밤이 제법 깊었습니다만
저는 이 글을 쓰기 위해 이 밤을 넘길 수 없나 봅니다.
육체의 고통은 신앙의 밑까지 흔들어 정말
보잘 것 없는 자신의 믿음을 보게 되었습니다.

아!
신앙은 하느님의 선물임을 더욱더 깊이 새겨 봅니다.
수도원에 입회한 후
처음 전례에 아무 소임도 받지 못하였습니다.
형제들의 육신의 양식을 짓고 사는 저에게 탈진 상태의
고통의 단발마는

영혼을 정화시키고,
비하를 당할 때
온유함과 겸손이 있고,
고독하여 하느님을 찾을 때
님의 현존을 느끼고,
님이 저를 사랑하고 계심을 발견합니다.
또한 숨어서 산다는 것이 얼마나
큰 평화의 삶이며,
자아를 부셔 버린다는 것이 얼마나
큰 기쁨인지를 앎니다.

끊임없이 기도하지 않는다면 지탱할 수 없기에
오늘도 기도합니다.

"하느님은 전부(全部) 나는 무(無)"임을 승복할 때
성인의 경지라는데
저에게는 먼 길처럼 느껴집니다.
하지만 저는 어떠한 상태라도 스스로 이 길을
포기하지 않으렵니다.
님이 제가 성인이 되길 원하시기에
저는 다만 님의 뜻을 따르면……
그것으로 족합니다.

신앙의 신비

깊고 아득히 먼 산골짜기
산 중턱 하얀 솔밭 숲에 달이 걸리면
가르멜 수도원의 침묵과 고독은 평화와 함께 돌아옵니다.
오늘 하루의 마지막 순간을 보내며
조용히 예수님께 오늘 삶의 기도를 바치고
그분께로부터 새로운 하루를 받고자
부활을 준비합니다.

싸늘한 냉기와 침묵만이 반기는 나의 작은
수방을 사랑합니다.

가진 것도 없고 하고자 하는 말도 제대로 표현 못하고
또한 궤적인 삶 앞에서 충실하지 못한 저로서는
더욱 더 어려움을 느낍니다.
하지만 '있는 그대로' 잠시 생각해 봅니다.

허무를 향해 합장하는 군상들,
불안과 고통에 짓눌려 더 아픈 슬픔이 닥쳐도
더 슬프지도 안타깝지도 않은 세상,
정의와 진리는 혀 끝에 춤추고 발을 붙인 땅바닥에 동댕이쳐

이제는 잃어버린 양심들,
메마른 사막처럼 세상 공기조차
공허와 빈 바람 무관심만이 부는 인간사,
이제는 희망조차 없이
하느님을 찾지 않는 절망에 허우적거리는 인간들,
죄악에 짓눌려 영혼과 육체를 악과 환락 속에
뒹굴고도 무엇을 하고 있는지도 모르는,
자아를 잃어버린 무리들……
이들 모두가 하느님의 귀중한 자녀들인데
무엇과도 바꿀 수 없는 소중한 이들인데……
이들을 누가 구해 줄까요?

그분을 위한 나의 삶이 기도가 되길
아버지와 나누임이 없는
순수한 마음의 회개를 청하고 있습니다.
나의 가난과 비참을 인식할수록
아버지께 대한 신뢰와 의탁의 자세를 키워갈 수 있음은
바로 신앙의 신비가 아닌가 합니다.

주님 당신은 인간의 허무 속에서도
당신 사랑의 꽃을 피우십니다

가르멜의 침묵을 깨우는 바람 소리가 오늘은 유난합니다.

멀리 바다로부터 산골을 타고 솔밭 숲에 온 손님들은 우리의 고요를 시샘하는지 수방의 창문들을 흔들어 댑니다. 아마 그들도 자기의 존재를 인정해 달라는 하나의 표현일지도 모른다는 생각이 듭니다.

침묵은 하나의 언어이고 기도이며 사랑의 표현이라지만 아직 저에게는 어울리지 않는 듯합니다. 긴 여로의 마지막 기착점을 향해 가는 도중 잠시 쉼의 고요를 누리고 있습니다.

우리 하늘 아버지의 사랑은 언제나 아름답기에 그 사랑의 숨결 속에 살아가는 우리도 아버지 안에 함께 함은 언제나 아름답다는 느낌이 듭니다.

하늘 아버지의 마음을 나눔은 모든 것을 나누는 마음이겠지요. 그러기에 그분에게서 오는 모든 것을 나는 사랑합니다.

삶이, 진정한 삶이 무엇인지도 모르면서 앞을 꿈꾸고, 마음을 다져보지만 언제나 남는 것은 순간의 삶을 그분 안에서 엮어 가는 것이 아닌가 합니다.

　하느님은 모든 것을 좋게 하시니 그분의 원의를 받드는 겸손만이 내 삶을 풍요케 함을 느낍니다.

　그분의 향기로운 숨결을 느끼면서 산다는 것, 그분 안에서 깊은 심연의 사랑을 맛들이고 살아간다는 것……, 이 얼마나 복된 삶인가요.

　한 영혼 안에 흐르는 그분에 대한 애틋한 사랑, 그 애틋한 사랑의 갈증은 좀처럼 가셔지지 않습니다. 사랑의 불이 좀처럼 불타지 못함은 어쩔 수 없는 인간의 한계인가 봅니다.

　인간의 사랑에는 한계가 있습니다. 너로부터 오는 한계, 나로부터 오는 한계, 나로부터 오는 한계를 네가 부수어 버릴 수 없고, 너로부터 오는 한계를 내가 부수어 버릴 수 없습니다.

　한계가 없으신 하느님은 모든 것을 하나로 완성시켜 주십니다. 그러기에 우리는 무엇인가 잃은 듯한 혼미함 속에서도 희망이 있고, 한치의 앞도 볼 수 없는 깜깜함 속에서도 깊이 있으며, 결국 한계를 초월한 하느님께서는 인간의 사랑을 완성시켜 주십니다.

주님 감사하게 하소서

주님! 감사하게 하소서.

무디고 무딘 인간들의 마음은 한 순간 한 순간이 얼마나 큰 당신의 사랑임을 느껴볼 겨를도 없이 살아갑니다.

주여! 나로 하여금 감사하게 하소서

당신께 대한 감사가 얼마나 필요한지 깨닫게 하소서.

수도원이 병원처럼 되어 버렸던 성탄 시기에 저 역시 예외는 아니었지만 모든 날들이 지나가듯 지금은 평온합니다. 수도원의 높은 담이 나 자신을 자유롭게 해 주는 것도 아니며 사람들이 흠모하는 수도복이 나 자신을 보호해 주는 것도 더욱이 수도자의 신분 자체가 자신을 거룩하게 하는 것도 아니지만, 더욱이 따스한 인정 속에 안락한 삶을 누리는 것도 좋지마는 따스한 공기와 안락한 삶 속의 내심의 불안보다 차라리 뺨에 차가움을 느끼면서 십자가를 지고 묵묵히 님을 따르는 내적 자유를 누리고 싶습니다.

비록 나의 귀중한 벗들이 나를 떠나고 나에게 주어진 가능성과 보화들이 사라진다 해도 나는 언제나 그대로의 나이기에 저는 그분이 원하시는 이 길을 기꺼이 가겠습니다.

　세상의 모든 것이 결코 나의 최종 목적지가 될 수 없기에 자유인이 되고자 스스로 자유 의지마저 님께 돌려 드렸습니다. 나는 내가 쓰고 싶고 하고 싶은 말을 하며 만나고 싶은 이웃을 만나고 내가 바라는 원의는 기도 안에 실행에 옮기려 노력하지만 그 모든 것도 그분의 계획 안에 있지 않으면 나는 언제라도 그 원의마저도 포기합니다.

　세상은 세상이 말하는 많은 것을 소유한 자만이 당장 쉽게 살아가고 그 시대에 적응할 수 있다하더라도 그것이 인간됨을 포기하는 것이라면 저는 그런 인간이 되고 싶지는 않습니다.

　인간으로서 걸어야 할 길, 인간으로서 지켜야 할 것을, 세상 사람들이 세상의 흐름이 그렇다고 해서 모르는 채 안 느끼는 채 생각하지 않고 살 수는 없고 더욱이 인간으로서 살아야 하는 인간됨을 포기하고 싶지는 않습니다. 인간은 약하기에 쉽게 현실과 타협하고 아예 승산이 없는 도전은 포기하려고 합니다만 세상이 어떠한 모습으로 존재하든 진리는 변함이 없고 진리를 찾고자 하는 사람과 진리를 위해서 몸 바치는 인간이 되고자 하는 그런 인간은 언제나 존재할 것입니다.

　복음은 우리에게 좁은 길을 제시합니다. 그리고 알 수 없는 미래를 약속합니다. 그러나 그것은 참다운 진리이고 변할 수 없는 영원성입니다.

어느 곳에서도 인간으로서 느끼는 아픔과 사랑 그리고 인간이기에 오는 고뇌들이 수반되지만 하느님만을 위해서 아름다운 천상적인 것으로 승화시킬 때 하느님 나라는 우리 안에 커갈 것입니다.

십자가를 지고자 하는 인간은 하느님께 대한 신뢰가 없이는 그분이 우리의 아버지시고 우리의 모든 것을 안배하신다는 그분의 섭리를 믿지 않고서는 걸을 수 없는 길입니다. 이 길을 걷자면 주위에는 언제나 위험이 도사리고 있고 너무도 그럴듯한 논법으로 우리를 설득하려 하고 '이 길을 벗어날 걸림돌과 유혹들이 있지만 넘어져도 다시 일어설 수 있는 용기와 완전히 넘어가지 않을 분별력을 주시기'를 기도할 따름입니다.

하느님께서 우리의 행복한 모습을 보시는 것이 당신의 큰 기쁨이시기에 우리는 이 삶 속에서 언제나 행복스런 모습을 보여드리도록 노력하여야만 할 것입니다.

아버지의 무언(無言)

사랑하는 아들에게 무엇인가를 바라지 않으신 아버지!
사랑하기에 아들에게 무엇이 되라고 요구하지 않으신 아버지!
그저 묵묵히 무언으로 말씀하셨던 아버지!
다만지 사랑이란 행동으로 나타내 보이신 아버지!
나는 너를 사랑한다고 말씀 한번 못하시고
그저 마음 깊은 곳에 고이 숨겨만 놓고 살아오신 아버지!
사랑하는 아들을 위해 아파하시며 기도하셨을 아버지!

아들을 위해 인고의 고통을 묵묵히 견디어 오신 그 세월들
아버지를 사랑하는 아들은 기억합니다
말없이 눈물 흘리셨던 아버지의 얼굴을……
아들은 아버지를 사랑하고 존경합니다.
그리고 기도합니다.
하느님 안에 영원한 행복을 누리시길……

엄마의 예수님

내가 아직 어려 말을 배우지 못했을 때
엄마의 기도 소리에서 배운 예수님의 이름
내가 아주 조그마한 어린 아이였을 때
엄마의 이야기 안에서 들은 예수님의 모습
내가 아직 철이 없어 사랑이 무엇인지 모를 때
엄마의 사랑 안에서 느낀 예수님의 사랑
내가 순박하고 깨끗한 어린 영혼이었을 때
엄마의 삶 안에서 새긴 예수님께 대한 믿음

예수님은 엄마를 통해 내가 알지 못하는 사이에
내 작은 영혼에 당신의 모습을 조금씩 새겨주셨네

엄마와 함께 십자가상 밑에 무릎을 꿇고
작은 두 손 모아
기도하던 어린 시절, 때로는
엄마의 무릎에 기대 잠들었던
그 아름다운 추억이 회상됩니다.

나는 엄마를 사랑하고 감사하기에
엄마의 영원한 행복을 위해 기도할 것입니다.

오누이

하늘 아버지는 누나와 동생을 사랑하셨기에
오누이로 짝 지어 주셨네.
누나는 동생을 사랑하기 위해서 많은 아픔을
감수하여야만 했네.
이해하고, 용서하고, 도와주고, 인내하며, 기도하고……

동생은 누나를 사랑하기까지는 많은 선물을 받아야만 했네.
이해받고, 용서받고, 봉사받고, 사랑 속에
기도의 도움을 받고
그래서 오누이는 깊이 서로 사랑했네.

아버지는 당신의 가르멜 산에 어느 날 누나를 모종했네.
동생은 혼자였네.
성모님은 동생을 사랑하셨기에 예수님께 청하여 동생도
어느 날 모종됐네.

둘은 가르멜의 오누이가 되었네.
오누이는 서로의 모습 속에
하늘 아버지의 사랑을 발견하고 배워 가네.

누나는 생각했네
동생이 더 하늘 아버지의 사랑을 받고 있다고……
동생은 생각하네
누나가 더 하늘 아버지의 사랑을 받고 있다고……
어느 날 동생은 생각했네
누나가 더 하늘 아버지를 사랑하고 있다고……
누나는 생각하네
동생이 더 하늘 아버지를 사랑하고 있다고……
하지만 하늘 아버지만이 그 마음을 아시네.

그들 오누이는 사랑에 시샘하지 않고
다만 서로를 위해 사랑의 희생자가 되길 바라네.

내 마음의 노래

하느님은 당신을 기다리고 계십니다.
당신이 그분의 부르심에 응답할 날을,
당신이 그분을 모른다고 외칠진 몰라도
당신을 만드신 그분은 당신의 모든 것을 알고 계십니다.
설령 당신이 그분의 사랑을 느끼지 못할지라도
이 세상 무엇보다도
아름다운 불꽃 중에 하나로
당신을
사랑하고 계십니다.

예수님!
저의 친구 정다운 벗 내 삶의 모든 것인 님이여!
오늘 당신께로 향한 마음에 무엇인가
자신을 표현하고자 합니다. 또한 이 글은
당신께 연을 띄우기 위해 조용히 하늘을 바라보는
한 소년을 위한 글이기도 합니다.

당신을 진정 사랑한다는 것
당신의 십자가를 지고 살아간다는 것
우리에게는 무척이나 힘에 겨운 일임을

고백하지 않을 수 없습니다.

사랑하는 예수님!
저는 이다지도 약합니다.
여리고 작은 마음의 상처들을 저의 영혼에 새길 때마다
저는 당신의 아픔보다 저의 고통에 슬퍼합니다.
하지만 가끔 눈을 들어 당신의 십자가를 바라보면
저는 다시 한번 고개를 떨굴 수밖에 없습니다.
당신께 감히 저의 고통을 하소연할 수 없고
당신의 처참한 모습에
어찌 저의 고통을 면하여 달라고 말씀 드릴 수 있겠습니까?

예수님!
제가 진정 당신을 얼마나 사랑하고 있는지는 알지 못하지만
당신이 저를 무한히 사랑하고 계심에
저는 언제나 승복하고 있습니다.
인생이란 시련의 연속인가 봅니다.
이런 가운데서도 저는 당신의 침묵과 평화를 읽고 싶습니다.
아니 전 당신처럼 되고 싶습니다.
남들이 알아주고 인정해 주는 무엇이 아닌
'참으로 작고 초라한 야생초이지만
찬서리가 내린 뒤라도 꽃을 피워 보겠다는 열망으로
가슴을 부풀리며 해님을 바라보는 가냘픈 미소로'

오늘도
제 영혼이 당신을 향하여 길을 가고 있습니다.
당신 안에 고요한 쉼 속에 고독하고 빈 마음을 간직하며
제 영혼에 사랑의 불을 놓고

한없이 생각해도
끝없이 불러도
가슴 하나 가득 벅찬 마음의 노래
예수! 마리아! 그리고 요셉!
예수님 간간히 당신을 향한 마음이 저에게 되돌아옵니다.
텅텅 비어진 마음속에
무엇인가 당신을 향한 사랑으로 채우기가 이다지
힘이 듭니다.
누구를 위해 살아왔고, 살고 있으며, 살아야 하는가요?
그러기에 오늘 저는 당신 앞에 무릎을 꿇고
어머니의 성의를 가지런히 하여 침구하고
당신을 바라봅니다.
오늘
저는 무엇을 생각했으며
저는 어떤 기도를 드리며,
저는 어떻게 사랑했는가요?
알기 위해 끝없이 자기를 비우고 허물기 위해 배워갑니다.
하느님을 사랑하기 위하여 비우고 또 배워갑니다.

단조로운 삶 속에서 오는 권태도
채워지지 않는 사랑에 대한 갈증도
허무 속에 사라지는 메아리도
자신과 싸워야 하는 아픔 속에서도
철저하게 자아가 죽어야하는 만남 속에서도
당신 안에 모든 것을 평화로운 마음으로
받아들이고 그 무엇이나
'평화로운' 기쁨으로 바꾸어 가는 삶의 묘미가 있습니다.

예수님!
저는 아직 어린아이입니다.
그러기에 당신을 닮고 싶어 저는 작아지고 싶습니다.
예수님 저는 죽을 수가 없습니다.
모든 사람들을 사랑한다하더라도 당신을
더 사랑하지 않는다면
모든 피조물이 저를 사랑한다하더라도,
모든 창조물이 저를 성인이라 말하더라도
제가 걷고 있는 이 수도자의 길보다
제가 공부하는 신학보다
제가 갈망하는 천국보다
그 어떤 무엇보다 당신을 더 사랑하지 않는 이상
저는 죽을 수 없습니다.

그것은 당신을 더 사랑하지 않고는
죽을 수가 없고
당신을 더 사랑하지 않는다면
당신을 뵈올 수 없기 때문입니다.

순간 순간 당신과 함께 삶을 엮어 가는 것이
저의 유일한 기쁨이고
당신을 조금이나마 닮아 보려는 열망과
당신의 뜻이 우리 안에 이루어진다면
그보다 더 큰 희망은 없습니다.

만남

그동안 일과 병고와 자신과의 싸움에 지쳐 수술을 마치고

이제야 산처럼

고요히 누워 하늘을 바라보는 여유를 얻었습니다.

하늘을 수놓는 별을 보며,

솔가지에 부딪치는 바람을 보며,

구름 위에 유유히 거니는 달을 보며,

선율을 타고 흐르는 자연의 소리를 들으며,

지는 해와 달과 별뿐 아니라,

소나기 천둥 번개도 마다 않는 산처럼

고요히 누워 있음도 좋지만

자신의 병고와 싸움은 결코 쉽지만은 않습니다.

더욱이 사랑의 부족으로 남이 외면해도 고독을 느끼며

말없이 걸어가야 합니다.

그러나 고통은 은총을 가져다주는 힘임을 알기에

긴 싸움 끝에 이루어질 나의 소명에 대한 희망도 봅니다.

바람처럼 지나가 버릴 이승의 허무를

커다란 기쁨과 희망과 사랑으로 승화시킨 신앙이 있기에

나의 이 길이 '무지의 서글픔과 사랑의 부족으로

남이 외면해도' 고독을 느끼며 말없이 걸어가야 하나 봅니다.

인생은 만남의 연속, 이 만남 안에서는
소중하고 아름다운 만남도 있지만 예상치 못한
도전도 만나게 됩니다.
죄의 그림자, 굴절된 시선, 고립된 언어,
무력한 자아, 어두운 밤, 텅빈 공허, 병고의 아픔,
비참한 몰골, 좌절된 희망, 사랑 받지 못하고,
사랑할 수 없는 고통, 초점 잃은 시선, 시련의 시간,
침묵의 강요, 하느님의 부재……
이 모든 것은 인간이 극복해야 할,
자신이 손을 뻗고 넘어서야 할, 깨뜨려야 할 그런 만남
고통스러운 만남입니다.

요즘 저의 마음은……
잃어버린 하느님의 사랑과 기도를 찾고자
진실된 마음을 얻고자,
더 높이 더 높이 오르기 위한 갈매기의 꿈처럼
솟구치는 생명의 향연을 노래와 춤으로 묘사할
그날을 기다리며 고통 안에서도
희망하고 있지만 인간이기에
새삼 아프게 파도치는 과거가 있나 봅니다.
새로운 삶에 대한 두려움이 신뢰의 친구가 되기 위해서는
시간이 필요함을 봅니다.

우정

　세상의 모든 영혼들이 소년 예수님처럼 한 처음의 순수한 사랑의 마음이 되길 기도합니다.

　형제를 만나서 기쁜 것은 바로 형제의 사랑 때문이지요.

　우리 서로가 서로를 위해서 가지고 있는 사랑은 그 마음 안에 자리하고 있는 신의로서 족하다고 느낍니다.

　세상의 모든 것이 다 변화된다 하더라도 우리가 하느님의 사랑에 그 뿌리가 내린다면 그것으로 우리는 기쁜 것이지요.

　형제여!

　우리가 우리 자신의 가난을 인식할수록 아버지께 대한 신뢰와 의덕의 자세를 키워갈 수 있음은 바로 신앙의 신비가 아닌가 합니다.

　젊음은 진실을 귀하게 여길 줄 알며 새로움을 창조할 수 있음을 뜻하는 것이겠지요.

　우리 하루의 삶은 단조로움 안에서도 얼마나 큰 사랑이 약동하고 있고 피 끓는 소리 없는 힘이 있는지요.

　우리는 인간적 자유의 틀에 강제로 끼워 맞추고 스스로 자위하기보다는 '내 자신의 존재'를 순간 순간 '기쁜 죽음'을 통하여 언젠가 이 긴 여로의 마지막날에 그분 앞에 지친 나의 몰골을 보이고 '나 이제 당신 앞에 왔습니다.' 하고 슬픈 미소가 기쁜 미소로 변할 그날을 희망하고 살아가는 것이 아니겠습니까?

사실 항상 마음의 결단을 요구하는 인간사이고 풍파 많은 인간 삶이기에 방황과 번민이 뒤따름은 당연한 결과이지만 진정한 자유인이 되고자 하는 우리의 신앙인은 그때마다 예수님의 십자가의 의미를 되새기면서 순간 순간 마음을 다지고 드러냄으로써 보다 높은 이상을 향해 나아가야 할 것입니다.

우리의 삶이 새 하늘 새 땅 새 인간으로 향하고 끝없이 변화되고 탄생하는 과정에 있기에 우리는 다만 하느님의 섭리를 믿고 이 부르신 소명에 충실할 때 우리의 삶이 그분 안에 완성되는 그날 우리는 우리 안에 자신을 위해 남겨둔 것이 아무 것도 없고 오직 그리스도의 모상만이 우리 안에 발견될 것입니다.

서신

사랑하는 형제여

나는 사랑하기 때문에 사랑하고 사랑하기 위해서 사랑합니다.
- 성 베르나르도 -

작은 영혼으로부터 깊은 사랑과 감사를 드리고 싶은 사랑하는 형제에게

하느님이 누구이신지 나는 누구인지 확실한 발견이 없다면 이 삶에 대한 확고한 방향과 신념을 잃게 됩니다.

나 스스로가 느끼듯 하느님께 대한 사랑을 간직하고 있고 그분을 떠나서는 아무 것도 할 수 없기에 영원히 그분께 충성을 맹세한다하더라도 스스로 무엇인가 무엇을 할 수 있다는 내면 안에 숨겨진 교만이 있다면 나는 작은 유혹에조차 쉽게 떨어짐은 어쩔 수 없나 봅니다.

요즈음 나의 눈을 돌려 나의 모습을 볼 때 그분께 대한 내 사랑의 열망도, 그분께 드릴 수 있는 감사의 마음도 아니 내 생명을 바쳐 충성하겠다는 마음도 무엇을 잃어버린 것 같아 무척 안타깝습니다.

나의 연약함, 나의 비참, 나의 불충을 보지만 그 모든 것을 딛고 일어서기란 쉽지만은 않은 것 같습니다.

가끔 많이 울고 싶지만 울 마음조차 잃어버린 상태입니다. 그렇

다고 나의 나약을 내세워 나를 변호하려는 어리석은 생각은 하고
싶지 않습니다. 물론 한 순간의 회개가 내면을 완전히 변화시킬
수는 없다 하더라도 하늘의 은총을 믿고 하늘을 향해 나의 눈을
돌립니다.

　기름이 떨어진 등잔은 그을음이 나고
　고이지 않은 샘은 흙탕물을 낼 수밖에 없고
　닦이지 않은 거울은 반사된다 하더라도
　그리스도의 모상을 흐릴 수 있기에

　모든 것을 잊고 오직 나의 영혼에 그리스도의 꽃향기를 피우는
그날까지 인내에 인내를 더하여 조용히 님만을 향하려 합니다.
　내가 사랑 안에 살 수 있는 것은 하늘 아버지의 자비로운 사랑
의 은총임을 늘 인식하고 있습니다.

우정의 아름다움

'타는 한 자루의 초가 정적을 알려주는 시간입니다.'
오늘은 불현듯 이렇게 외치고 싶습니다.

"사랑합니다."

이처럼 우리의 마음속에 사랑을 불러보고 싶은 것은 창조주 하느님께서 우리 마음 안에 영원한 사랑의 메아리를 울리게 하셨기 때문입니다. 제한된 흰 백지 안에 하고 싶은 이야기를 다 적을 수 없음은 아직 끝나지 않은 인간사의 투쟁 안에서 나의 노래를 다 부를 수 없기 때문입니다. 그러나 이 '유한성'과 '부자연스러움'을 자각하고 자기의 '한계성'을 인식할 때 비로소 '완전성', '자유', '무한성'을 생각하게 하고, 향하게 하는 것이 아니겠습니까? 그것을 사람이 삶의 길에서 보기 때문입니다.

사랑은 그 자체로 기쁜 것이고 침묵 속에 말없는 기쁨이 있고 생명의 샘이 항상 내 곁에 있건만 삶에 지친 내 영혼은 진정 고귀한 것들을 잊고 사는 허술함을 봅니다. 하지만 십자가의 길을 내 진정 따르고 싶다는 열망에 대한 희망이 아직 무너지지 않고 '그리스도의 기도'가 '그리스도의 고뇌'가 '그리스도의 사랑'이 그리워짐은 은총이지요!

믿음의 길은 삶의 길이기에 믿음은 새로운 전망을 끝없이 전개하는 지평선으로 다다르게 하므로 먼 훗날 내 영혼이 하늘의 꽃을 피우고 해방의 환희를 노래 부르는 그날까지 인간적 고뇌를 찢겨진 마음 안에 한 겹 한 겹 아픔을 저미면서도, 세상의 어두움과 내면의 혼동 속에서도 빛을 갈구하며……

'비우기만 하면 얻는 부(富) 때문이 아니라

영원을 사는 지혜 때문이 아니라

무한을 즐기는 유한의 멋이 아니라

내 기쁨이 어디 있는지조차 모르면서

그저 할 것을 해 가는 삶

향하고,

바라보며,

내 마땅히 가야 할,

님이 가신 길.

나의 삶을 살아가는 여정의 길이 아니라 사랑을 향한 사랑의 여정 길이어야 함을 봅니다.

모든 것을 '사랑' 이라는 진리 안에서 '일치성' 을 찾고자 오늘도 한 발자국 내딛어 봅니다. 쉽게 타협하지 않고 영합하지 않고 세상사 안에서 그 흐름을 거슬러 가며 자신만이 지닌 고유한 개성과 존엄성, 창조성을 지닌 채 인간으로서의 책임과 신의를 지키며 참 인간됨을 포기하지 않는다는 것은 보통 용기와 확신없이는 있을 수 없음을 봅니다. 아마 미지의 세계를 바라보는 개척자의 마음이라 할까요!

옛 친구를 만나 오랜 밤을 지새우면서 하고 싶은 이야기, 들려주고 싶은 이야기, 듣고 싶은…… 이런 상념들을 침묵 속에 잠재우며 살아가야 하는 운명은 나의 삶의 한 모습일 수밖에 없습니다.

그러면서도 성 베르나르도 성인의 말씀에 위안을 느낍니다. 우정의 아름다움을 그분은 이렇게 표현했습니다.

'우리가 사랑하는 사람들이 우리 마음속에서 쉬고 있듯이 우리도 우리가 사랑하는 이들의 마음속에서 쉽니다. 더욱이 과거의 인연을 소홀히 하지 아니함은 그것이 내 생애의 일부임을 깨닫기 때문입니다.'

사랑하는 벗에게
이 수방에 가득한 사랑의 언어들을 전할 수만 있다면
고독과 침묵 속에 평화를 나눌 수만 있다면
하늘의 공간을 드릴 수만 있다면
그러나 하느님께서 우리 인간에게 시간과 공간의
제한을 허락하신 것은
새로운 만남,
새로운 사랑,
새로운 생명,
새로운 삶을 위한 은총의 시간이지요.

나의 가장 사랑하는 벗에게

나의 둘도 없는 친구여!

당신과 마주 앉아 이야기를 나누는 착각에 사로잡혀 있는 나는 당신을 향한 마음에 무엇인가 나누고 싶어 이 글을 씁니다.

그것은 한 세상이 지나가고 다른 삶이 연결되는 미묘한 신비 속에 나약한 자신의 모습에 소스라치게 놀라 누구의 도움을 받으려고 손을 벌리는 자신의 모습을 보며 희미한 기억이나마 지워 버리고 싶지 않은 마음에서 무엇인가 당신과의 연결점을 찾고자 하는 하나의 표현일지도 모릅니다.

다만 잃어버린 추억의 시간을 찾으려고 하는 것이 아닌 현실 속에 우리의 만남을 보다 가치롭게 승화시켜서 삶의 의미를 다지고 드러냄으로써 보다 높은 가치를 찾고자 해서입니다.

우리 하늘 아버지의 사랑은 언제나 아름답기에 그 사랑의 숨결 속에 살아가는 우리도 하느님 안에 언제나 아름답다는 느낌이 듭니다. 하늘 아버지의 마음을 나눔은 모든 것을 나누는 마음이겠지요.

나의 기쁨인 벗이여!

벗을 만나서 기쁜 것은 바로 벗의 사랑 때문이지요. 우리 서로가 서로를 위해서 가지고 있는 사랑은 그 마음 안에 자리하고 있는 신의로써 족하다고 생각합니다. 사실 이 글은 하늘에 연을 띄

우기 위해 하늘의 기색을 살피는 벗을 위한 나의 삶의 기도이길
바라면서도 이 글을 쓰고 있는 자신을 어떻게- 무엇이라 표현해
야 할지도 모르기에 깊은 사념 속에 빠지는 나 자신을 발견합니
다.

사람들 가운데 존재하고 그들과 함께함은 매우 즐거운 일이기
도 하지만, 내 심정을 털어 놓을 수 있고 나의 말을 들어주고 이해
하고 받아들일 수 있는 순수하고 진실된 이웃을 만나기란 그리 흔
하지 않음을 봅니다.

만남 안에서 내가 나 자신에게만 얽매어 있고 마음의 문을 열지
않아 자아 안에 폐쇄되어 있다면 나는 참다운 자유인이 아닐 것입
니다. 자기변명과 편협한 자아도취의 완고함은 바로 스스로가 택
한 고통이고 지옥이기 때문이겠지요.

이웃과의 만남 안에서 내 마음의 문을 열고 이웃을 있는 그대로
받아들이는 것이 중요합니다. 왜냐하면 그것은 이웃이 내 마음의
한가운데 자리할 수 있고 함께 내면의 세계를 이야기할 수 있는
그러한 자유의 공간이며 그것은 인격과 인격과의 사랑의 일치를
이룰 수 있는 자세이기 때문이다.

마음 안에 모든 것을 아름다운 천상적인 것으로 승화시킬 때,
하느님 나라가 우리 안에서 커 갈 것이라고 저는 믿고 있습니다.

내 사랑하는 형제여!
사랑한다는 것, 곧 사랑을 나누며 어떤 것에서도 함께 한다는
것은 아름다운 일입니다. 사랑한다는 것은 참으로 어려운 것이지

만 그것은 그리스도의 새 계명이고 우리의 소명이기도 합니다.

사랑한다는 것은 한 인간을 있는 그대로 인격체로서 사랑한다는 것은 결코 쉬운 일이 아님을 느낍니다. 사랑은 자기와의 싸움이기에 자아가 살아 있는 한 나와 다른 존재의 고유함을 받아들인다는 것이 어려운 것 같습니다.

사랑한다는 것은 아픈 것이지만 사랑하지 못한다는 것은 더 큰 슬픔과 아픔이 동반됩니다. 참된 사랑은 회피도 소유도 만족도 아닌, 희생과 고통 속에 잉태되는 자유와 기쁨 속에 평화롭게 모든 것을 받아들이고 자신을 나누는 것이 아닌가 봅니다.

사랑하는 사람을 진정으로 사랑한다는 것은 사랑에 대한 조건을 내세우는 것이 아닌 사랑하는 사람을 있는 그대로 인정해 주고 믿어 주는 것입니다. 신뢰한다는 것은 사랑의 큰 표현이기에 사랑하는 사람에 대해 바람도 없고 실망도 느끼지 않습니다.

쪼개지 않고 나누임이 없는 순수한 마음으로 이웃을 깊이 사랑할 때 세상의 모든 것은 변화될 것입니다. 왜냐하면 '사랑은 그 자체로 만족을 주고, 그 자체로 마음에 들고, 공로도 상금도 되기에 사랑은 자기 자신 외에 다른 이유나 열매를 필요로 하지 않고 사랑의 열매는 사랑한다는 것, 바로 그것이기 때문입니다. 그러기에 우리가 서로 사랑한다는 이 말은 우리의 모든 것을 말해 줍니다.

나와 함께 하는 벗이여!

어떤 존재이건 그만이 알아들을 수 있는 언어가 있고 그 삶의 뜰 안에 자리하고 있는 자신들의 고유한 법칙에 따라 움직이기에,

그의 고유한 존재의 내면의 지성소 안으로 들어가기 위해서는 그를 만나 그를 받아들이고 사랑할 수 있는 오랜 시간의 기다림이 필요한 것 같습니다.

우리가 각각의 고유한 개성과 인격을 가진 존재로서 고유한 아름다움이 있듯이 한 인간이 하늘로부터 받은 소명의 표는 한 인간의 인생의 의미와 그에게만 주어진 이름을 발견하게 됩니다. 그때 자아는 평화와 기쁨이 수반되고 많은 시련을 이겨낸 후, 한 줄기 섭리로부터 오는 미소는 그를 지켜보고 함께 했던 영혼에게도 희망을 주나 봅니다.

나의 소중한 벗이여!

봉쇄 수도원의 높은 담이 나 자신을 자유롭게 해 주는 것도 아니고, 사람들이 흠모하는 수도복이 나 자신을 보호해 주는 것도, 더욱이 수도자의 신분 자체가 나 자신을 거룩하게 하는 것은 아니지만 더욱이 따스한 인정 속에 안락한 삶을 누리는 것도 좋지마는, 차라리 뺨에 차가움을 느끼면서 십자가를 지고 묵묵히 님을 따르는 내적 자유를 나는 더욱 누리고 싶습니다.

그것은 세상이 어떤 모습으로 존재하든 진리는 변함이 없고, 진리를 찾고자하는 사람과 진리를 위해서 몸 바치려는 그런 인간은 언제나 존재할 것이기 때문입니다.

복음은 우리에게 좁은 길을 제시하고 있지만, 그것만이 참다운 진리이고 변할 수 없는 영원성임을 나는 믿고 있기 때문입니다.

우리 서로가 서로를 위한 삶 속에서 각자의 부르심에 따라 충실하게 살아가는 것이, 우리 인간성에 고귀한 존재의 가치와 품위를 높여주고, 자유인으로 향해 새로운 변화를 이룰 수 있는 가장 확실한 길이라고 생각합니다.

우리에게는 '선행의 어리석음이 이기의 교활보다 매력이 있음을 아는 마음이 있고, 양심을 거스를 때 강한 듯해도 약하고' 하늘의 법에 순응하는 것이 더 큰 힘이 있음을 우리는 압니다. 진리로 향한 우리의 마음은 무엇과도 바꿀 수 없는 보화이지요.

벗이여! 우리 날마다 새롭게 그리스도의 사랑스러운 모습으로 태어나 그리스도의 향기가 우리 안에서 피어올라, 만나는 이웃에게 언제나 밝은 웃음과 기쁨을 전하는 우리가 됩시다.

당신이 내가 살아 있는 가르멜인이 되길 희망하듯, 나도 벗이 사랑받는 하느님의 아들이 되길 기도합니다.

너와 나는 하느님 안에 하나이기에 기쁜 과거의 추억이 아닌, 기도 안에서 만나며 함께 삶을 엮어 갑시다. 그분의 사랑 안에서.

사랑이라 불리우는 하느님

오늘의 나의 노래
나의 생명은 한 순간이요
흘러가는 한 시각이로다.
나의 생명은 일각이요
나를 피해 도망가는도다.
오 나의 하느님, 당신은 아시나이다.
이 땅에서 당신을 사랑하기 위해
내게는 오늘 하루밖에 없음을!
　　－ 예수 아기의 성녀 소화 테레사 －

'글'은 그동안 삶을 확인하는 만남이지요! 미래의 꿈을 간직한 채 추억을 회상하며 현실의 삶을 승화시키는 하나의 축제이지요.

하느님과 우리의 사랑을 보고 듣고 노래하는, 서로 마음 열고 확인하는 거룩한 예식이지요. 그리하여 너와 내가 함께 만나 '우리' 일을, 하느님 안에 '하나됨'을 확인하는 시간이지요.

'하느님을 안다는 것' 그리고 '사랑한다는 것'은 얼마나 중요할까요, '한 인간을 안다는 것' 그리고 '받아들인다는 것'은 얼마나 소중할까요.

생각하는 것은 아름다운 것입니다. 기도하는 것은 훌륭한 것입니다. 사랑하는 것은 완성하는 것입니다. 우리가 살아 있음이 더 깊이 자각될 때, 더 많이 아파하며, 나의 틀과 형식을 굴레 안에 새로운 정신으로 영혼을 다듬을 때, 고통의 발은 더 깊어만 가지만 넘어졌기에 다시 일어서는 법을 터득할 수 있고, '넘어짐'도 '일어섬'도 나를 있게 하는 하느님의 사랑이기에 아픔을 삼키며 오늘도 침묵할 수 있는 것은 언제나 나를 위해 모든 것을 계획하시고 섭리하시는 하느님 사랑의 손길을 믿기 때문입니다.

'십자가를 진다는 것'은 우리 생애의 한 순간 한 순간에 하느님의 뜻을 승낙하는 것입니다. 왜냐하면 십자가를 진다는 것은 자기가 가진 모든 것이 하느님께로부터 온 것임을 인정하는 것이기 때문입니다.

하느님이 원하시는 삶은 과거에 대해 '감사합니다'. 미래에 대해서는 '예', 그리고 현실 안에서는 '예, 그렇게 하겠습니다'라고 고백하는 것입니다.

'갚아도 갚아도 다 갚을 수 없는 평생의 빚이 있다면, 밑빠진 독에 물 붓기였어도 포기하지 않고 쏟아주신 그분의 사랑! 그 사랑의 빛이 나에게 사는 의미를 조용히 일깨워 줍니다.'

'하느님만으로 족하다'는 예수의 성녀 테레사의 말씀은 하느님의 사랑을 우리가 간직한다면 세상에 그 무엇도 아쉽지 않음을 말해주고 있습니다.

하느님은 창조이십니다. 사랑은 언제나 그리고 영원히 창조합니다. 그분은 풍요하시고 다양하십니다. 그분은 또한 각자의 영혼이 당신의 유일한 하나인 듯이, 그 영혼 안에 침투해 들어가십니다. 그분은 각자의 사랑의 정도에 따라 그의 소명을 완수하기에 알맞은 독특하고도 단 하나의 길로 부르십니다.

가정은 사랑을 배우는 학교입니다. 가정은 사랑을 가르치는 학교입니다. 그러기에 우리는 사랑을 가르치는 지혜로운 스승이 되어야 하는 동시에, 사랑을 겸손하게 배우는 제자가 되어야 할 것입니다.

'사랑하는 여러분에게 당부합니다. 우리는 서로 사랑합시다. 사랑은 하느님께로부터 오는 것입니다. 사랑하는 사람은 누구나 하느님께로부터 났으며 하느님을 압니다. 사랑하지 않는 사람은 하느님을 알지 못합니다. 하느님은 사랑이시기 때문입니다. …… 아직까지 하느님을 본 사람은 없습니다. 그러나 우리가 서로 사랑한다면 하느님께서는 우리 안에 계시고 또 하느님의 사랑이 우리 안에서 이미 완성되어 있는 것입니다.' (요한1서4.7-9.12)

지칭이 없는 벗에게

어느 날 내 가난한 삶의 영역에 조용히 다가온 당신이 나를 벗이라고 부른다면, 나는 당신에게 왜 벗인지에 대해 어떠한 설명도 요구하지 않습니다.

나는 거울 속에 비쳐진 당신의 영상을 바라지 않습니다. 세상에서 배운 보잘 것 없는 언어를 빌어서라도 지금 여기서 현실적이고, 구체적이고, 실질적인 만남 안에서 나누고자 합니다.

당신이 알아들을 수 있는 언어를 내가, 내가 이해할 수 있는 언어를 당신이 발견하고 만들어 나갈 때, 우리는 애써 서로의 차원으로 동일화시키지 않아도 될 것입니다.

우정은 무엇입니까? 서로의 존재와 생명을 완전히 인격화시킨 사랑으로 그리스도 안에서 그 사랑을 나누는 것이기에, 올바르고 선한 마음 안에 자리한 서로를 향한 그 신의를 키워 가는 것이 우정의 한 모습이 아닐는지요.

당신과 나의 대화는 어떤 범주를 정한 것도 어떤 규정도 없기에, 우리의 대화는 무상을 넘어 영원으로 나아가도록 초대되어 있습니다.

우리의 진정한 대화는 무엇이며 어디에 있습니까? 침묵의 세계, 언어의 세계, 기도의 세계, 존재의 세계, 하늘과 땅 사이의 우주의 세계 그리고 신(信)·망(望)·애(愛)이며, 지나쳐 온 과거와 다가온 현재와 장차 올 미래에 있습니다.

당신께서 오신다는 소식을 접할 때 나는 기쁜 상태이건, 괴로운 일이 있던, 행복하건, 슬프건, 하느님의 사랑 안에 있던, 영혼이 아파 있던, 당신을 맞을 준비를 하고 있어야 하고 기다려야 합니다.

사실 내게서 멀고도 가까이 느끼는 당신에게 무엇을 요구할 수 있겠습니까. 내 존재가 그러하듯 당신의 독자적인 삶의 영역이 있기에 그 자유를 구속하지 말아야겠고, 각자 고유한 존재의 내밀한 지성소는 하느님만이 차지할 수 있는 영역인 것 같습니다.

당신과 얼굴을 맞대고 대면한다 해도 당신은 여전히 알지 못하는 존재로 남아 있습니다. 나의 모든 것을 드러내고 나의 전부를 송두리째 열어 보인다 해도 전부가 나일 수는 없듯이 내가 경험한 세계가 당신의 전부일 수도 없습니다.

내가 말을 빌리지 않는다 해도 당신에 관해 무엇인가 알기 위해 질문한다는 것이 얼마나 조심스러우며, 당신의 침묵이 때로는 나를 당황케 하고 마음의 벽을 느낀다 해도 그것이 어쩔 수 없는 당신과 나의 한계임을 인정하고 받아들입니다.

설령 내가 낯선 이방인으로 취급당하고, 다만지 당신과 함께 길을 걸어온 길손에 지나지 않고 헤어진다는 말 한 마디 없이 떠난다 해도 여전히 당신은 나의 벗입니다.

당신이 나를 대하는 새로운 시도가 그리고 모든 행위가 나의 선익을 위해 당신의 자유의사에서 흘러나온 행동임을 믿기에 이유를 캐묻지 않습니다.

망각한다는 것은 좋은 것 같습니다. 한때 오해의 벽, 미움의 찌꺼기, 대립된 의견, 아팠던 상처의 기억을 지워 버릴 수 있다는 것은 그만큼 우리가 성숙했음을 의미하기에 더욱 아름다운 것 같습니다.

당신이 누구인지 알고 싶을 때 나는 다만지 당신의 마음을 바라봅니다. 그 마음은 그리스도의 모상이 새겨져 있고, 그리스도를 닮은 마음이기에 그 안에서 나는 그리스도의 사랑을 만납니다.

나는 현재 있는 그대로의 당신을 바라보며, 당신이 당신 자신이기를 바라는 것은 하느님이 나에게 보내주신 하느님의 사람임을 믿기 때문입니다.

우리가 만나 하고자 하는 일, 우리가 할 수 있는 일, 우리가 마땅히 해야 할 일은 오직 하나뿐, 그리스도를 사랑하고, 그 사랑으로 이웃을 사랑하며 그리스도의 신비체 안에 우리 모두가 하나가 되는 것입니다.

당신과 내가 만나 기뻐할 수 있는 것은 무엇입니까? 그것은 서로의 모습 안에서 그리스도 신비체의 참된 신비와 생명을 포착하는 거기에 우리의 행복의 근원을 두고 있기 때문이지요.

종종 내 기도 속에 당신을 초대할 때 때때로 내가 당신을 위하여 무엇에 대해 기도했고, 어떤 기도를 드렸는지, 조금도 기억이 나지 않습니다. 고작 이것이 나의 기도였음을 고백합니다.

다만지 나의 기도는 당신께 일회적이고 일시적인 어떤 은총을 허락해 달라고 기도하지 않고, 당신 존재의 모든 것이 영원히 그분의 소유가 되길 염원한 내 존재 자체의 기도였습니다.

당신은 늘 나의 인식과 마음 안에 자리하고 있지만 내가 당신께 갇혀 있지도 당신이 내게 얽매이지도 않기에 우리는 서로에게서 진정으로 자유로운 해방감을 느낍니다.

나 이제 당신을 향해 '사랑한다' 라는 말을 내 스스로가 더 이상 두려워하지 않습니다. 내가 '사랑한다' 라고 말할 때 그 사랑은 '하느님' 으로부터 오고 그 사랑은 축복이고, 행복이라는 선물도 가져다주기 때문입니다.

당신의 이 모든 것을 사랑합니다. 함께 있을 때 다가오는 느낌, 따뜻한 마음, 낮추인 겸손, 거룩한 열정, 독특한 개성, 아름다운 영혼, 맑은 지성, 순박한 미소, 진실한 언어.

나의 푸념과 불평들 잡다하고 의미 없이 지껄여대는 무익한 말조차도 온유한 마음으로 받아들이는 당신의 편안함이 좋습니다.

내가 때로는 당신 앞에 바보처럼 지껄여대고, 논리가 없는 말들을 늘어놓고, 한계가 없는 푼수를 떨 때에도 묵묵히 들어주는 당신의 넓은 아량에 경의 표합니다.

조그마한 기쁨, 작은 슬픔, 평범한 일상사, 사소한 근심걱정 하나 하나도 놓치지 않고 관심을 기울여 주는 당신의 섬세한 마음에 감사드립니다.

나는 이 우정을 소중하게 간직합니다. 누구도 당신의 자리를 대신해 줄 수 있는 새로운 우정을 만날 수 없고, 이 우정은 당신만이 유일하게 나에게 건네 줄 수 있는 선물이기 때문입니다.

우리의 우정이 이해 받지 못하고 숱한 사람들의 조롱거리가 되고 시빗거리가 되어 비웃음 소리가 귓전에 들린다 해도 서로를 위해 기도해 주는 벗이 있다는 그 사실만으로 위안을 찾습니다.

우리가 이 세상에서 더불어 함께 살 수 있다면, 그보다 더 아름다운 삶이 어디에 있겠습니까? 서로 기도하며 노력합시다. 우리의 우정이 그리스도께서 명하신 이웃 사랑이 무엇인지를 나타내는 표징이 될 수 있도록 말입니다.

아무도 없는 나 혼자만의 고독의 시간이 오고, 공허와 고뇌가 따르고, 삶의 어두운 구석이 다가오고, 깊은 침묵 속에 잠길 때 당신을 생각하고 소중한 추억들을 회상하며 스스로 위로할 것입니다.

내 생애의 마지막 여정길에 서서 인생 항로를 되돌아보며 추억 속에 잠길 때 순례 길에서 길동무 되어준 당신을 위해 나는 기도하겠습니다.

당신을 생각할 때마다 내 자신이 더 순수해져야겠다고 생각하고, 맑은 영혼이 되어야겠다고 다짐해 줍니다. 이것이 내가 당신을 존경하기에 드릴 수 있는 유일한 선물임을 믿습니다.

나는 당신에게 드릴 아무런 지칭도 가지고 있지 않습니다. 흰 백지처럼 무한한 가능성을 바라보며 알 수 없는 미지의 세계를 동경하듯 풀리지 않는 수수께끼로 늘 남아 있게 되길 바랍니다.

봉헌의 뒤안길

'세상 끝날 때까지 너희와 함께 있겠다.'

예수의 성심 안에 내적으로 동참하고 계실 좋으신 나의 벗이여!
한 인간이 진실 되게 살기 위해서는 수많은 날들의 아픔이 있어야 하겠지요.
그것은 어느 곳, 어떤 삶의 모습 안에서 인간이기에 오는 고뇌와 갈등들이 수반되고 인간으로서 느끼는 사랑과 아픔, 고통과 슬픔, 자기 비참이라는 올바른 자아의 모습을 통해서만이 참다운 인간의 모습을 알 수 있기 때문입니다.

벗이여!
우리는 오늘 사랑에 대하여 잠시 생각해 봅시다.
한겨울에 펑펑 내리는 '눈' 생각해 보셨습니까? 천리 만길 아무런 흔적 없이 펼쳐져 있는 '눈'을 볼 때마다 저는 모든 영혼이 저 하얀 눈처럼 깨끗하고 아름답게 되길 기도합니다.
그 옛날 어린 시절이 생각납니다. 하얀 눈 위에 자신의 발자국을 새길 때마다 기뻤지만 어느 새 자신도 모르게 뒤를 돌아보았을 때 다시 돌아갈 수 없음을 아쉬워했던 기억을 말합니다.
그 뒤 한 세상이 가고 다른 삶이 세상에 돌아 왔을 때 사랑의 아름다움을 알았지요. 인간은 누구나, 참으로 나약하여 다른 사람에

게 도움과 사랑을 받으려고 하지요. 저 역시 예외는 아니었고 사
랑을 받고자 하였습니다.

　모든 것은 나를 중심으로 모든 이웃이 나를 위한 사랑을 해 주
길 바랐지요. 부모도 친척도 형제도 그리고 친구와 이웃들 모
두…… 그분들은 저에게 사랑을 주셨고 저는 그 사랑을 배우면서
사랑을 키워갔습니다. 그 후 오랜 시간이 흘러 해와 달이 몇 번이
고 되돌아온 후 저도 사랑을 하고 싶었습니다.

　사랑하는 사람들을 생각하고 부르고 만나고 함께 한다는 것이 무
척이나 기뻤으니까요. 그리고 가끔 그 사랑을 만나러 여행을 떠나곤
하였지요. 하지만 자신의 가난에 부끄럽고 자존심을 꺾고 싶지 않고
자신의 솔직한 심정을 표현한다는 것을 두려워하곤 하였습니다.

　그것은 그 누구도 나를 있는 그대로 받아들이거나 진정으로 나
를 이해하고 사랑할 것 같지 않았으니까요. 저는 이웃의 눈을 끌
만한 어떤 인간적인 매력도 힘도 그들에게 기쁨을 줄만한 내적인
아름다움조차 없었고 저 역시 저의 무능과 가난과 볼품없는 몰골
을 드러내고 싶지 않았기 때문이지요.

　결국 올바른 사랑을 해 보지 못하였기에 자연 자아를 사랑하게
되고 하느님과 인간의 눈을 피해 자신 안에 도피처를 마련하였는
데 그것이 결국 내적 타락과 연결되어 하느님을 등지고 이웃과 만
나는 것조차 두려워하였지요.

　사랑한다는 것, 한 인간을 있는 그대로 인격체로서 사랑한다는

것을 결코 쉬운 일이 아님을 느꼈습니다. 사랑은 자기와 싸움이기에 자아가 살아 있는 한 이웃을 나와 다른 고유한 존재임을 인정하고 '있는 그대로' 받아들인다는 것이 어려웠던 것입니다.

하지만 사랑한다는 것은 아픈 것이지만 사랑하지 못한다는 것은 더 큰 슬픔과 아픔이 등반됩니다. 그러던 어느 날 누나의 큰 사랑을 만나게 되었지요. 하느님의 사랑을 추상적으로 생각하고 인식하려고 했지만 그것은 저에게 깊이 와닿지 못하였고 보이는 사랑, 감각적인 사랑이 더 피부에 와닿게 되었지요. 누나의 조건 없는 사랑은 저에게 참된 사랑의 가치를 인식케 하였지요. 누나는 이런 말을 저에게 하였지요.

"베르나르도야! 우리는 하느님 사랑의 희생자가 되자." 아니 그렇게 되어야 한다고요. 사랑은 사랑을 부르고 사랑을 받게 되면 사랑하지 않을 수 없나 봅니다. 그래서 저 역시 그 사랑에 동참하였지요. 하느님의 사랑이 무엇인지를 저의 삶의 영역 안에서 체험해 왔지요.

인간 자신의 비참과 허무와 가난, 타향살이와 셋방살이의 고달픔, 어린이와 노인, 농아와 맹인, 나환우와 불구자, 실업자와 걸인, 사제와 수도자, 방황하는 청소년들, 육신의 병고와 영혼의 추함, 악과 선이 무엇인지 인생의 삶 안에서 만나는 그 모든 것들, 가정과 형제와 친척 그리고 이웃과 벗들 아니 무엇보다 늘 나와 함께 살아오신 예수님을 알게 해 주셨습니다.

그때 저는 회개의 싹이 트게 되었지요. 예수님 그분께서는 저를 사랑하고 계시고 당신의 생명을 바쳐 나를 구원해 주시려 인간이 되셨는데 도대체 저는 지금껏 무엇을 하였는지 반성해 보았습니다. 하느님을 등지고 죄악에 허우적거리고 이제는 더 이상 하느님을 향해 눈을 들 수 없이 썩어가는 영혼을 바라볼 때 저는 더 이상 희망이 없었지요.

그러면서도 스스로 이 세상을 등질 수 없었던 것은 이런 죄악 가운데서도 이 세상 마치는 그때까지라도 하느님께 조그마한 기쁨이나마 드리고 싶다는 마음에서였지요.
그런 가운데 내적인 고통과 쓰라림과 자아의 비참을 통해 오랜 시간 나의 영혼은 정화되고 결국 하느님께 자비의 은총을 매일 밤 통회의 눈물로써 애원하였지요.

하느님을 떠나 저의 힘으로 무엇을 성취해 보겠다는 교만과 자신을 사랑하는데 마음을 썼던 저 자신은 신앙의 눈을 뜨게 되었지요. 사랑은, 참된 사랑은 소유도 만족도 아닌 희생과 고통 속에 잉태되는 자유와 기쁨 속에 자신을 나누는 것임을 발견하였던 것입니다.

결국 그 사랑은 저의 사랑이 아닌 하느님의 사랑으로 하느님께 빌리지 않고서는, 그분의 도움의 은총이 없이는 사랑을 실천할 수 없다는 것을 알았습니다.

그래서 그분의 사랑이 저의 사랑이 되길 기도하였습니다. 인간의 가장 큰 행복은 하느님을 사랑할 수 있다는 것이지요. 하지만 전 그분을 사랑하기 전에 그분께서 먼저 저를 사랑하고 계셨고 사랑하고 있다는 것을 어렴풋이나마 느꼈을 때 회개의 계기가 되었지요.

특히 성모님께서 저의 어머니이시고 그분 성심의 사랑은 저에게 많은 눈물을 흘리게 하였지요. 과거 자신의 비참한 처지와 추한 영혼을 보고 울었던 저 자신은 이제 그분의 사랑에 감당할 수 없어 울어야했습니다.

그 뒤 예수님께서는 내가 누구이며 저의 존재와 이 세상 삶에서 예수님과 언제 어느 곳에서도 가까이 하고 싶어 늘 감실 앞에 머무르곤 합니다.

그분의 은총은 나로 하여금 두 가지를 인정하게 하였지요. 하나는 우리에 대한 그분의 사랑으로 하느님께서 우리를 사랑하고 계시다는 것이고 또 하나는 그분에 대한 우리의 사랑으로 과연 저는 그분을 사랑한다고 고백할 수 있는가하는 의문에 오랜 시간이 흐르고 난 뒤 저는 확신을 가졌습니다.

저는 그분을 사랑하고 있다는 것을요. 가장 큰사랑은 사랑하는 분을 사랑하고 있다고 느끼지 못하는 것이라지만 아직은 그분에 대한 나의 사랑의 갈구는 다 타지 못한 상태입니다.

하지만 하느님께서 저의 영혼을 정화시키시기 위해 육체의 병고를 허락하셨지요. 무능력상태 스물네 시간 침대에 누워 누구의 도움 없이는 생명을 유지하지 못하는 그런 비참한 상태에까지 내려갔습니다.

오직 저의 유일한 희망은 그분의 자비뿐이었습니다. 그때 저는 하느님께서 다시 본래의 상태로 돌려주신다면, 저 자신을 하느님께 봉헌하겠다고 약속하였지요. 하느님은 저를 회복시켜 주셨고 저도 약속을 이행하여 저 자신을 이곳 가르멜에 봉헌하였지요.

그분을 닮고 싶고 그분을 따르고자, 아니 그분과 함께 영원한 삶을 엮어 가고자 그분에 대한 사랑의 응답으로 순명, 가난, 정결의 복음 삼덕이라는 그분과 약속으로 그분의 것이 되었습니다.

아직도 하루에도 수없이 넘어지는 아픔이 있지만 하느님이 주신 저 자체와 봉헌된 저 자신은 변화되지 않고 다만 결점과 가난이 성화되고 성숙되어지는 완성에로 나아갈 뿐입니다.

옛날 사랑에 시샘하고 사랑에 대한 배반감과 그 모든 사랑이 저의 것이 아닌 하느님의 것이기에 슬픈 미소를 띄고 돌아 서야했지만 지금은 어떠한 상황 속에서도 사람은 아니 세상의 모든 것은 하느님의 것이기에 이웃의 사랑에 기뻐하고 저는 다만 그 사랑의 도구로써 쓰시기만 바라고 하느님 사랑을 위해 입가에 미소를 띄며 살아갑니다.

하느님은 전부(全部) 나는 무(無), 그 무(無)라는 것이 얼마나 하느님 안에서 가치로운가를 느끼기에 그 무(無)를 허락해 주신 하느님께 감사 드리고 있습니다.

사랑하는 형제여!

사랑한다는 것은 아름다운 일입니다. 사랑한다는 것은 참으로 어려운 것이지만 그것은 그리스도의 새 계명이고 우리의 소명이기도 합니다.

우리는 내면 안에 작용하는 부정적인 인식보다는 신앙의 눈으로 보는 긍정적인 인식이 필요합니다. 저는 이웃의 평가와 판단을 두려워하지 않습니다. 저 역시 저 자신이 이러저러한 인간이다라고 생각하고 싶지 않습니다.

오직 하느님의 보시는 눈만이 진리임을 믿기에 그분이 저를 어떻게 바라 보시는가만을 생각합니다. 사랑하는 사람을 진정으로 사랑한다는 것은 사랑에 대한 조건을 내세우는 것이 아닌 사랑하는 사람을 있는 그대로 인정해 주고 믿어 주는 것입니다.

신뢰한다는 것은 사랑의 큰 표현이기에 사랑하는 사람에 대한 바람도 실망도 느끼지 않습니다. 쪼개지 않고 나누임이 없는 순수한 마음으로 이웃을 깊이 사랑할 때 세상의 모든 것은 변화될 것입니다.

누나와 저는 하느님 안에서 참된 사랑을 하고 있다고 봅니다. 우리가 서로 만나는 그 기쁨은 서로가 서로를 위하는 마음으로 드러납니다. 사랑한다는 것 그 한 마디로 침묵 안에 흐르는 그 사랑으로 우리는 모든 것을 말해 주고 있기 때문입니다.

저는 확신하고 있습니다. 우리 모두는 한 하늘 아버지 안에 진실된 사랑을 할 수 있다고 저는 믿고 있습니다. 신앙은 결단을 요구합니다. 부르심은 응답이 필요합니다.

형제여! 우리들의 아버지께서는 우리를 사랑하고 계심을 의심하지 맙시다. 우리의 모든 것을 잘 안배하여 주실 것이며 우리는 그분 안에서 영원히 함께 삶을 엮어 갈 것입니다.

삭발례

　해질 무렵 가득 퍼지는 노을 빛깔에 따라 제 수방에 창문은 화폭이 되고 위대한 예술가이신 하느님은 매일 색다른 모양의 그림을 그려주십니다.

　어릴 때 엄마 등에 업혀 바라본 세상은 한 폭의 그림 같은 평화와 고요 그리고 아름다움 그 자체였습니다. 오늘도 평화와 따스함을 가져다주는 그 아름다운 그림에 흠뻑 취해 있는 자신을 봅니다.

　글을 쓴다는 것은 무엇입니까? 자신에게 묻고 응답하는 가운데 내 삶의 영역 안에 함께 하는 이웃을 향한 사랑의 표상이 아닌가 하고 생각해 보았습니다.

　'현재'인 듯 '부재'도 마주해 보며 우리들의 이야기를 나누었으면 합니다. 왜냐하면 '우리가 말씀으로 산다면 곧 살아 있는 말씀이 된다면 그분 안에 존재하고 있기에' 우리의 이야기는 바로 하느님 구원의 역사이기 때문입니다. 즉 우리들의 역사 속에 현존하시는 그분의 존재를 드러내 보이는 것입니다.

　먼저 제 이야기를 해 드릴까합니다. 사람에게 머리카락이란 얼마나 중요한 위치를 차지하는지요. 머리의 길고 짧음에 따라 또 색과 모양에 따라 사람들의 인상은 달라 보입니다.

사람들이 삭발을 하기에 앞서 삭발 후 자신의 모습을 상상해 보고 또 후회하지는 않을지…… 하여간 여러 가지 이유를 아니 의미를 머리카락 수만큼이나 부여하며 삭발례를 거행하듯이…… 저에게 있어 유학의 길은 어느 겨울 부모님께 하직 인사를 드리고 출가했던 그 심정만큼이나 제 삶에 하나의 커다란 획을 긋고자 했던 것입니다.

삭발을 한다는 것은 무엇입니까? 거짓된 자기를 버리고 있는 그대로 순수함을 드러내는 것이겠지요.

'툭툭 떨어지는 소리를 내며 떨어지는 머리카락은 생각만큼 쉽지 않았습니다.' 10여 년의 수도생활 안에서 그때 그때 필요에 따라 나를 고쳐왔지요. 그때는 적당한 길이만 필요에 따라 잘랐기 때문에 큰 어려움을 몰랐지요. 하지만 삭발례처럼 자신의 모습을 그대로 드러낸다는 것은 정말 생각보다 어려웠습니다. 왜냐하면 나의 근원적인 자존심, 교만, 나태, 욕심 등 모든 악습을 고쳐야 한다는 각오로 잘라야 했기에 더 어려움을 느꼈는지도 모르겠습니다.

이만큼 노력했으면 됐겠지 하지만 늘 부족한 나의 모습을 만났고, 이 정도로 잘랐으면 민둥이겠지 하고 거울을 보지만 아직도 긴 머리가 남아 있었습니다. '더욱이 내 이웃의 어려움까지 머리카락마다 매달아 잘라 버리려 했으니 그 어려움이 오죽했겠습니까?'

　지금 거울에 비쳐진 내 모습은 너무나 우스꽝스럽습니다. 축구
공의 흰 부분과 검은 부분처럼 그런 모습이지요. 왠지 서글픈 느
낌이 들고 참 못생겼음을 실감하게 됐지요. 그런 나를 하느님이
사랑하시는 세상에 단 하나밖에 없는 소중한 못난이라 생각하니
위안도 되었습니다. 그리고 이런 못난 모습까지 받쳐 드려봅니다.

　이곳에 와서 세 번 크게 울었습니다. 처음에는 저 자신의 처절
한 무능과 가난을 보고, 두 번째는 깨끗하지도 아름답지도 못한
제 영혼을 보며, 세 번째는 온전히 사랑 드리지 못하는 내 모습을
통해 하느님을 바라보면서요.
　이 시점에서 헨리뉴웬 신부님의 말씀을 빌리고자 합니다.
　'우리가 가난의 자리에 접근했다고 생각할 때마다 그 자리 너머
에는 훨씬 더 심한 가난을 발견하게 마련입니다. 물질적 가난 너
머에는 정신적 가난이 있고, 정신적 가난 너머에는 영적 가난이
있으며, 영적 가난 너머에는 하느님의 자비라는 적나라한 신뢰밖
에 아무 것도 없게 됩니다.'

　이 길은 우리가 홀로 걸어갈 수 있는 길이 아닙니다. 예수님과
함께라야 우리는 오직 자비밖에 존재하지 않는 자리로 나아갈 수
있습니다. 예수께서 "나의 하느님 나의 하느님 어찌하여 나를 버
리셨나이까?"하신 것은 바로 그 자리에서였습니다. 그리고 예수
께서 새 생명으로 부활하신 것도 바로 이 자리에서였습니다.
　예수님의 길은 예수님과 함께라야 걸을 수 있는 길입니다. 완전

한 자기 포기와 자비의 자리로 걸어갈 수 있는 것은 하느님의 아
들 예수님뿐입니다.

　그렇기에 그분은 우리에게 잘려나간 가지처럼 되지 말라고 경
고하시며 "나 없는 여러분은 아무 것도 할 수 없다"고 하셨습니다.
그리고 동시에 약속해 주고 계십니다. "내 안에 머무는 사람, 그리
고 내가 그 안에 머무는 사람, 그런 사람은 많은 열매를 맺습니
다."

　기도 없는 행동이 아무런 결실도 맺지 못하는 이유를 이제는 확
연하게 알 수 있습니다. 우리는 오로지 기도 안에서, 그리고 기도
를 통해서만이 예수와 긴밀하게 연결될 수 있고, 그분과 합일하여
그분의 길을 함께 걸을 힘을 얻을 수 있는 것입니다.'
　언제 삭발례를 끝내고 진정으로 그분 안에서 생명을 향유하며
숨쉬고 노래하며 자유롭게 살아갈는지요. 그때까지 얼마나 많은
수고와 인내와 기도가 필요할지 갈수록 더 절실히 느껴집니다.
　하지만 이 길을 가는 도중에 이런 위안도 받았습니다. 며칠 전
성체 앞에서 묵상 도중 불연이 이런 마음이 들었습니다. '나는 왜
성체 앞에 그렇게 머물러 있기를 바라는가?' 제 영혼으로부터 하
나의 느낌이 전해 왔습니다. 그것은 '나는 하느님을 사랑하고 있
었다는 사실' 입니다.

　모든 것이 우리의 삶의 조건이듯이 이웃들의 소식은 기쁨도 가
져다주고 때로는 아픔도 함께 하지만 그대로의 우리의 모습이고

모두가 우리가 사랑하고 받아들여야 하는 형제 자매이라는 것을 다시금 느껴봅니다.

세상에서 저 자신보다 더 큰 걸림돌은 없는 것 같습니다. 억지로 누군가를 이해하고자 또 저를 이해시키고자 했던 노력들이 얼마나 부질없었던가를 생각해 봅니다.

그저 눈으로 보고 귀로 듣고 마음으로 느끼는 것 외에 말이 전혀 필요치 않는 그런 삶. 백치인양 무언가 아픔이 와도 기억하지 않는 단순한 웃음으로 살고 싶습니다. 무엇인가에 묶여 딱딱하게 굳어버린 저의 의식에 날개를 달고 싶습니다. 자유롭게 살고 싶습니다.

하나의 소중한 만남을 희망해 보는 것은 우리가 다시 만날 때 더 성숙한 모습으로 그리고 다른 모습의 위안이 기다리고 있다고 믿기에 기쁨도 느낍니다. 그러기에 현실의 수많은 모순 속에서도 그 모순을 깨며 서로의 자리에서 생을 보다 진실되게 이루어 가야 될 것 같습니다.

왜냐하면 자신의 무능을 깊이 절감할수록 그분의 따뜻한 눈길이 자비와 용서의 시선으로 다가오고 있고, 기존의 가치관과 관습 그리고 인습에 대한 새로운 시야도 트이고 있기 때문입니다.

영혼의 자화상 · 1

"세상이 창조될 때부터 오늘날까지 각 시대마다 우리에 대한 하느님의 구원 의지를 전해 준 진리의 전달자와 하느님 은총의 봉사자들은 하느님께서 사람들이 참된 회개로서 당신께 되돌아오는 것보다 더 사랑스럽고 더 기뻐하시는 것이 없다고 말해 줍니다."
　　　－ 성 막시우스 아빠스 －

성 아우구스띠누스는 그의 『고백록』에서 "겸손도 성덕도 없고 용기도 없으나 내 일생의 잘못을, 내 실수를 통틀어 말하고 자인 자백한다!"고 했다.

이 글은 가난하고 불쌍한 죄 많은 한 인간을 회개에로 부르시고 구원으로 이끄시고 계신 하느님의 이야기이기에 부끄러운 인간의 감정이 앞서지만 "나는 죽지 않으리라 살아보리라. 주님의 장하신 일을 이야기하고자"(시편 118)하는 마음이 더 커서 글을 쓸 용기가 생겼다.

"내 고향과 친척과 아비의 집을 떠나 내가 장차 보여 줄 땅으로 가거라."(창세기 12,1) 나를 키워왔고 자라게 한 삶의 자리에서는 '나를 나로서' 보지 못했고, 새로운 삶의 자리에서 비로소 커다란 자각과 함께 '나로서 나를' 만나게 해 주었다. 처음 이곳에 와 돌아본 나의 실체는 무엇이었던가? '텅 비어' 있었다는 것이다. 텅 빈 내 실체를 만났을 때의 그 충격은 하나의 떨림과도 같았다.

"서른 여덟 번 봄이 오가는 동안에 눈 한 번 깜빡이니 모든 것이 다 갔네. 환상이 사라지고 생명이 비롯할 때 봄이 한 번 더 오면 나는 마흔 살, 내 아무리 진심으로 작별하려도 환상은 아직도 떠날 줄 모르네" 그때까지 살아왔던 내 삶을 말해 주는 것 같았다.
나에게마저 속은 무지와 소명의 숭고한 목적에 대한 불충실성과 영혼 안에 깊이 뿌리 내리지 못한 신앙 때문에 형식과 위선과 환상 안에 진인인 것처럼 살아온 삶이 부끄럽게 느꼈다.

거짓과 환상이 사라지고 참된 나를 만났을 때 '아무 것도 아닌 존재'를 받아들이기가 얼마나 힘이 들었으며 외면해 온 삶의 문제들과 내 안에 감춰져 있던 온갖 악을 대면할 때 두렵기까지 했고 이그러지고 더럽혀진 내 모상을 바라볼 때 서러우리만큼 나를 슬프게 했다. 어디서부터 시작을 해야 하며 무엇을 어떻게 해야 할지 고뇌하며 어두운 밤, 쉴 곳을 찾아 헤매듯 방황하던 모습이 회상된다.

병고에 시달리는 육체, 지쳐 말라버린 눈물, 방황하는 정신, 무너져 내린 가슴, 상처받은 마음, 아파 오는 영혼, 듣지도 못하고 말할 수 없는 가난한 자만이 느낄 수 있는 삶의 무게들, 무능력함에서 오는 실의와 좌절 그리고 공허와 회의와 허무의 나락으로 떨어져 가는 실존 안에 느낄 수 있는 감정들, 어디에서나 어디를 가도 발견되는 부자연스러운 모습들…….

나에게 다시 시작할 용기와 힘은 어디서부터 시작되었는가? 그 것은 따뜻한 체온을 지닌 인간으로서 살아 있는 생명체의 처절한 몸부림이었다. 영혼 안에 치솟아 오르는 알 수 없는 힘의 항거였 다. 그렇다 그것은 '은총' 이었다.

야훼께서 말씀하신다. "오라 와서 나와 사비를 가리자. 너희 죄 가 진홍같이 붉어도 눈과 같이 희어지며 너희 죄가 다홍같이 붉어 도 양털같이 되리라."(이사야1.18) 〈텅 비어 있는 존재〉로서 나 자 신이 〈무〉임을 인정하면서 내가 드린 말씀은 이 한 마디 "야훼여, 나를 불쌍히 여기소서. 나를 고쳐주소서."(시편 40.4)하는 존재 자체의 부르짖음이었다.

하느님은 아버지셨기에 사랑에 찬 따뜻한 눈길은 자비와 용서 의 시선으로 다가왔고, "살아 있다는 사실" 그 자체가 하나의 은총 이며, 나는 행복한 존재로서 살만한 가치가 있고, "그 심오함을 헤 아릴 길 없는 무한한 분의 현존" 안에서 하느님께서 나에게 거는 참된 창조에 의한 〈기대〉의 손길을 바라볼 수 있었다.

인간은 삶을 위해 배우고, 잘못된 삶을 깨치며 하느님께 용서받 고, 사랑 안에 자비를 입고 살아가는 존재인가 보다. 그래서 그동 안 하느님과 나와 이웃과 더불어 살아온 관계를 생명의 말씀 안에 서 새롭게 조명해 가며 왜 하느님께 온전히 투신하지도 사랑 드리 지도 못했는지, 내 삶이 왜 그렇게 어렵고 힘들어했으며 아파했는지……. 이웃들에게 걸림돌이 되어온 이유와 빚어진 문제의 원인이 나로 인해 그렇게 되었음을 알게 되면서 비로소 참회하는 마음에서 내 가슴을 칠 수 있었다.

'마음을 갈아라! 완전하게 위와 아래가 온통 뒤집히는 굳은 땅을 부드럽게 새로운 땅으로 - 녹슬은 마음, 돌 같은 마음에 쟁기질을 해서 싹이 트는 옥토가 될 수 있도록' 자아가 죽은 지독한 고통을 느끼면서 죄의 뿌리에 도끼를 대고, 본능에 저항하는 의지가 힘에 겹고 또 넘어지고 아파하는 고통을 체험하면서도 죽음의 신비가 생명의 신비로 변해 가는 그 환희를 맛보고 있다.

더 깊이 신앙하고 더 깊이 희망하면서 더 깊이 사랑하자.
더 깊이 아파하고 더 깊이 용서하면서 더 깊이 회개하자.
더 깊이 침묵하고 더 깊이 고독하면서 더 깊이 기도하자.
더 깊이 투신하고 더 깊이 인내하면서 더 깊이 희생하자.
더 깊이 온유하고 더 깊이 친절하면서 더 깊이 겸손하자.
더 깊이 진실하고 더 깊이 성실하면서 더 깊이 충직하자.
더 깊이 기뻐하고 더 깊이 평화하면서 더 깊이 행복하자.
더 깊이 정결하고 더 깊이 가난하면서 더 깊이 순명하자.
더 깊이 이탈하고 더 깊이 초월하면서 더 깊이 일치하자.
더 깊이 찬미하고 더 깊이 감사하면서 더 깊이 흠숭하자.

이제 〈나는 나이고〉 싶고, 〈나를 나로〉 받아들이고, 〈나를 나라고〉 부르면서, 〈나는 나 자신〉이 되어, 〈나를 내가〉 사랑하고, 〈내 자신 안에서 모두를〉 사랑하고 싶다. 이것이 참된 회개의 길임을 알았기 때문이다. 나 이제 〈거룩하신 성삼위〉 안에 나의 일생 모든 것을 다시 한 번 걸어 보며 기도한다.

"내 영혼에 생기를 불어넣어 주시는 성령이여!
나 당신을 흠숭합니다.
지혜의 성령이여!
천상적인 것에 맛들일 수 있는 능력을 주십시오.
통달의 성령이여!
저의 신앙을 더 맑게 해 주십시오.
지식의 성령이여!
피조물을 통해서 당신께 도달할 수 있음을 알게 해 주십시오.
의견의 성령이여!
저의 모든 행위를 인도해 주십시오.
효경의 성령이여!
하느님께 대한 참된 자녀의 사랑을 제 마음에 넣어 주십시오.
굳셈의 성령이여!
충실한 종의 용기를 주십시오.
하느님께 대한 두려움의 성령이여!
항상 주님께 깊은 공경을 드리는 자가 되게 해 주십시오.
위로자이신 성령이여!
당신의 기쁨으로 저의 마음을 가득 채워 주십시오. 아멘"

망덕(望德)

'머지않아 우리들의 사랑의 씨앗은 싹트리라.'
    – 라자로 마을 –

학교 생활기록부에 〈학생의 희망〉, 〈부모의 희망〉을 기록하는 난이 있다.

"인간은 곧 희망을 의식하고 사는 존재다"라고 라디스라우스(Ladislaus)는 말했다. 인간은 모두 한결같이 나름대로 무엇을 향한 희망을 지니고 있다. 그 희망은 인간으로 하여금 움직이고 활동하게 한다.

우리는 우리만이 지닌 각자의 희망의 꿈을 키워 왔었고 또 키워가고 있다. 인간이 비록 절망 속에 빠져 있다 하더라고 희망이 전혀 없는 것은 아니다. 자살도 평안과 휴식을 찾기 위한 일종의 "부정적 희망"이라고 한다.

사형수가 죽음에 직면하는 단두대나 교수대, 또는 총살당하기 직전에도 죽는 그 순간까지 삶에 대한 희망을 포기하지 않는다고 한다.

격리된 삶을 살고 있는 나환우들의 마을인 라자로 마을 구석구석에 위치한 삶의 현장 속에서도 도심지에서 느끼는 삭막함보다는 오랜 세월을 끊이지 않고 살아온 나환우들의 소박한 희망을 느 낄 수 있다. 죽음은 결코 끝이 아님을…….

우리가 살아 보지 못한 나환우들의 삶 속에서 죽음조차도 희망이 라는 기다란 기다림으로 끈질기게 이어져 온 하나의 생명의 고리였 다는 것, 그들의 삶이 우리가 태어나기도 전에 시작되었고 아직도 끝나지 않았다는 것 또 죽음은 또 다른 탄생이란 것 – 생명과 생명 을 넘나들며 끊임없이 이어져 온 생명의 맥임을 알 수 있다.

《《머지 않아 우리들의 사랑의 씨앗은 싹트리라》》는 나자로 마 을의 대성당을 오르는 언덕길에 적혀져 있는 소중한 글귀…….
예수 아기의 성녀 소화 테레사 성상 위로 보이는 치유의 집은 우리가 추구하는 희망이 어떤 모습이든 각자 안에서 소중하고 고 귀한 것이어야 한다는 것을 말해 주고 있다.

나자로 마을 곳곳에 깃들여 있는 희망에 대한 나환우들의 소박한 소망, 그것은 바로 부활에 대한 뿌리 깊은 신앙이 아니겠는가!!
유고의 전 수상 티또는 "영원한 불멸의 생명이 없다면 우리의 투쟁도 자유에 대한 쟁취도 아무 의미가 없다"고 했다. 하느님께 대한 희망, 그것은 우리의 영원한 삶에 대한 희망이다. 곧 망덕인 것이다.

서로 다르지만 하나인 것

"아버지, 이 사람들이 모두 하나가 되게 하여 주십시오."

비가 온 후에 가끔 볼 수 있는 무지개는 일곱 색깔로 이루어진 무지개라 불리우는데 색깔들이 조화와 일치를 이룬다. 서로 다른 일곱 색깔이 서로를 돋보이게 하고 조화를 이룬다.

이처럼 '상대'와 함께 하면서 방해하지 않고 조화를 이루고 서로를 더욱 더 돋보이게 할 때 이것이 곧 일치이고 하나라 생각된다.

함께 모여 있는 것의 성질이나 모양들이 똑 같을 때 우리는 보통 '하나'라고 하고 '일치'라고 말하지만, 진정한 일치와 하나는 서로 다른 것이 모여 서로의 특성을 살려줄 때 이것이 진정 하나이고 일치일 것이다.

주위에 우리가 흔히 볼 수 있는 것들 중에 나무들은, 꽃들은, 꽃을 피우기까지, 큰 나무가 되기까지 물과 바람과 햇빛과 땅속의 여러 가지 영양분들이 서로 잘 작용해서 큰 나무를 이루고 열매를 맺는다. 이처럼 진정한 하나이고 일치는 서로를 성장시킨다.

물과 바람과 공기와 흙이 서로 완전히 다르지만 잘 조화를 이룰 때 생명은 싹이 트고 열매를 맺는다. 만약 이것들이 각자의 직분을 다하지 않을 때 서로를 거부할 때 성장은 멈춰지고 만다.

흔히들 우리가 말하는 '우리'라는 단어 역시 너와 내가 함께 공존할 때 '우리'라는 단어를 쓸 수 있다.

나에게 '너'가 없을 때, 너에게 '내'가 없을 때는 다만 나는 '나'이고, 너는 '너'일 뿐이다. 너와 나 역시 서로의 다름을 받아들일 때 우리가 될 수 있고, 더 나아가서 또 다른 우리를 받아들일 때 하나의 공동체를 이룰 수 있다. 무엇보다 인간은 이웃과 일치하고, 하나되는 것이 소명일지도 모른다.

삼위일체 성부와 성자와 성령은 서로 다른 위격이면서도 하나이듯이 우리가 서로 다르지만, 서로 하나가 되어야 하고, 또 일치될 때 진정한 인간의 아름다움을 볼 수 있고 느낄 수 있을 것이다.

그러므로 하나와 일치란, 서로 다른 것이 서로를 받아들이고 조화를 이루어 서로의 개성을 더욱 더 돋보이게 하고 성장시키는 것, 함께 할 때 아름다운 것, 이것이 서로 다르지만 곧 일치이고 하나인 것이다.

로마

'여러분은 시대가 어렵다고 말합니다. 올바르게 사십시오. 그러면 여러분은 시대를 변화시킬 수 있을 것입니다. 시대가 결코 누구에게 해를 끼치는 것은 아닙니다. 인간이 변화되면 시대도 바뀔 것입니다.'

    – 성 아우구스띠노 –

로마라는 새로운 세상 안에서 처절하리만큼 가난한 자신을 바라본다. 어디서부터 시작을 해야할지, 무엇을 어떻게 하는 것이 이 시점에서 하느님의 뜻을 이루는 것인지 그 동안 숨겨왔고 잊고 살았던 자신의 문제를 이제는 정면으로 도전해 오고 있다. 침묵과 인내와 가난을 강요당하고 있다고나 할까!

침묵은 우리가 택한 사랑의 결과이기에 침묵이 심화될수록 고독하고 싶고, 고독이 깊어질수록 모든 것을 잊음 안에서 언뜻 언뜻 떠오르는 그리운 상을 향해 침묵의 기도를 하느님께 드려본다. 가난한 자에게 다가서는 형제들의 정겨운 서신이 새삼스럽게 나의 마음을 울려준다.

"참으로…… 삶이란 보여지고 드러나는 것만이 전부는 아니고, 보여지지 않고 드러나지 않는 묵묵한 가슴에…… 사랑으로 주름과 인호를 수놓아 가는 영원한 순간의 여정"이 아닌가 한다.

'바라는 만큼 이루어질 것입니다. 거룩한 원의는 그만큼 많은 것을 가져다주기 때문입니다.'

"〈직이불사(直而不肆)〉, 곧게 펴져 있지만 남을 찌르지 않으며, 〈광이불요(光而不燿)〉, 마음속에 빛이 있지만 화려하게 사람을 끌지 않는다."는 것은 수도자들의 삶의 한 모습이 아닐는지…….

"말(言語) 속에는 그 나라의 문화와 사유방식(思惟方式)이 용해되어 있다는 점에서 '언어는 존재의 집'이라는 하이데거(Heiddegger)의 명언이 있듯이 '존재의 집'을 더욱 넓혀야 한다."

산다는 것은 아름다움으로 치장하는 것이 아니기에 그것은 생명이고 실존이기에, 그렇게 서로의 자리에서 소중한 생명으로 피어나야 하나 보다.

로마의 하늘 아래에서

본질적인 것과 우연적인 것이 뒤바뀌어 살아가는 듯한 우리의 삶 안에는, 자기가 자신에게 독백할 수 있는 시간과 공간이 필요한 것 같습니다.

이곳에 와 되돌아본 저의 실체는 하느님 앞에서의 현존과 고독이 아닌 고요 안에 있는 텅 빈 자신이었습니다.

공부하자니 힘이 들고, 잘살아보자니 기가 막힐 때가 많아서 이런 생각도 해 봤습니다. '무슨 운명을 이리도 모질게 타고났는가!' '무엇이 나를 이토록 가만있지 못하게 굴었는지 무엇이 나를 여기까지 오도록 했는지' 다시 한번 묻게 됩니다.

처절하리만큼 가난하고, 무능한 자신의 모습을 볼 때마다, '조용히 고향 땅에서 지낼 것이지' 이런 주제에 이 먼 곳 타국 땅에까지 와서 이런 비참을 보게 되는가 하고 자문도 해 보았습니다.

미지의 세계에 대한 동경도 자신을 키울 수 있다던 부풀었던 희망도 '내가 나에게 거는 기대'와 '나를 아끼고 사랑하는 분들이 나에게 거는 기대'에 대한 응답도 여지없이 무너져 가고 있습니다.

하지만 자신이 작아질수록 저 스스로에게 기대할 것도 없고 더구나 주위 사람들로부터 받던 기대도 사라져 갈수록……. 어떤 의미에서는 불쌍한 자신이지만, 그러나 하느님의 눈길이 하느님의 손길이 스며들 수 있는 자리가 마련되어 가고 있다는 점에서 행복한 셈입니다.

왜냐하면 자신의 무능을 깊이 절감할수록 그분의 따뜻한 눈길이 자비와 용서의 시선으로 다가오고 있고, 기존의 가치관과 관습 그리고 인습에 대한 새로운 시야도 트이고 있기 때문입니다.

인간은 스스로의 삶에 대한 자각 속에서 잘못된 삶을 깨치면서 살아가는가 봅니다. 그래서 '타인과 더불어 살면서 나도 모르게 남을 아프게 한 일이 없었는지 스스로 반성하게 됩니다.' 그런 반성 속에는 저와 가까이 지냈던, 가까이 살고 있는 이와의 관계에서 빚어진 사건들이 새로운 시각 안에서 조명해 보고 있습니다.

'인간을 아는 만큼 느낄 뿐이며, 느낀 만큼 보인다'라는 말이 있습니다만, 사랑하면 알게 되고, 알면 더 잘 볼 수 있고, 그러면 그때 보이는 것은 전과 같지 않습니다. …시간이 갈수록 자신의 무지를 봅니다.

술은 어두운 곳에서 더 잘 빚어진다고 합니다. 왜냐하면 술은 자기가 변해 가는 모습을 남에게 보여주고 싶어하지 않기 때문이지요. 그렇게 살아오지 못한 자신이 부끄럽습니다.

그러면서도 침묵을 깸은 새로운 창조를 위한 하나의 시작임을 보기 때문입니다. 삶의 의미를 가진 사람에게는 어떤 상황 안에서도 살아갈 수 있는 힘과 용기를 자신 안에 발견할 수 있다는 말이 저에게도 적용되나 봅니다.

바람 부는 어느 초가을 해거름녘에

늘 바라보던 하늘이 저만치 앞서가며 우리를 재촉한다.

시간은 늘 새로운 시간 안에 자리를 내놓듯이 아파했던 몇 개의 상흔들이 흔적도 없이 사라져 가고 있다.

타인의 고통은 아무리 애를 써도 나의 고통이 될 수 없나 보다. 시간은 흐르고 인연의 모습도 세월과 더불어 지나가나 보다.

모든 것이 우리의 삶의 조건이라는 것, 모두가 서야 할 자신의 자리에서 고통을 겪고 있다는 것, 마지막 글을 쓰던 날이 언제였던가…… 완성치 못했던 글을 마무리해 본다.

"이 비가 그치면 떠나리다, 마음의 짐을 훌훌 떨어버리려 먼 곳으로. 갈 곳이 어디라 정해지지 않았지만 그저 먼 곳이라는 곳으로 빈손으로 떠나리라. 맷돌을 돌리리라. 찌는 삶을 멍든 가슴을 갈아버리리라. 기운이 쇠약해서 돌림이 멈추일 때 그 위에 엎드려 뇌성벽력 같은 울음을 터뜨리리라. 쓰러져 잠든 뒤에 고요함이 나를 깨울 때 먼 곳이 내 안에 있음을 보리라."

병고에 지치고 영혼은 아파 오고 혼자 감당해야만 했던 고독의 공간과 일상의 하루하루 지나쳐온 날들이 이젠 헤아릴 수 없어 기억이 나지 않는다.

슬픔인지 모를 감정들이 다가오고 작은 파문이 인다. 어느 해 겨울 부모님께 하직 인사를 드리고 떠난 날이 회상된다. 출

가였다.

몸에 지닌 몇 권의 책과 여벌 옷 그리고 몇 푼의 돈이 전부였다. 그로부터 14년이란 세월이 지난 지금의 모습은 어떠한가!

하느님을 향한 순수한 사랑의 열정은 어디에 있고, 미지를 향한 개척자의 마음은 어디로 갔는가, 삶의 일부가 아닌 전부를 그분께 안고 가던 그 시간과 공간은…… 그래서인지 하느님을 깊이 사랑하고 관조하는 영혼을 만날 때마다 통회의 눈물을 흘린다.

현실은 한정된 공간이 아닐 것이다. 그러기에 우리의 영혼은 얼마든지 넓은 공간을 향해 자유로워질 수 있지 않겠는가? 그런데 이다지도 세상사와 인연의 끈에 연연해하는 나의 모습이 왠지 서글퍼진다.

생을 헤아려 보기에는 너무 이른 듯하지만 서산 너머 왠지 깊게 드리워져 있는 죽음에 대한 두려움 때문만은 아니고, 하느님 앞에 빈손으로 갈 수만은 없기에 이제는 조금씩 생을 헤아려 보아야겠다.

나는 어디에까지 와 있는가? 인생의 황혼길 불혹이라는 사십 세를 바라보고 있지 않은가? 살아갈수록 하느님의 신비에 접근하면 할수록 두렵고 떨린다. 죄인에까지 내려오신 하느님의 사랑을 느낄 때마다 그 사랑 앞에 할 말을 잊어버린다. 그 신비에 접근하면 접근할수록 세상이 얼마나 하느님의 창조의 질서를 흩트려 놓았는가를 보게 되고 나 역시 그 책임을 통감하기 때문이다.

그러나 나는 믿고 고백한다. '하느님께서 우리의 과거를 그리스도의 가슴에 묻으시고 우리의 미래 또한 친히 돌보아 주심을' 그 분은 우리에게 이렇게 말씀하실지 모른다. "네가 가장 극심한 시련을 겪고 있을 때 너의 절망 그 밑바닥을 나는 떠받치고 있다. 그리고 명심하여라 찬란한 희망의 뿌리에도 내가 있음을." 하느님께서 '원하는 것'을 원한다는 것이 때로는 얼마나 어려운 일인가. 그것은 그리스도께서 그러하셨듯이 죽어야 하기 때문이다. 더욱이 하느님께서 '원하는 것'은 한 번에 그치지 않고 일생을 통해 쉼없이 요구하시기 때문이다.

그래서 이 기도가 나의 기도가 되길 바라는 마음으로 살고 싶다. "가진 것 없어 가진 것 없이 살아가는 이들은 좀더 깊이 사랑하지 못하는 가슴에 아픈 뼈아픈 참회의 기도를 드린다."

그리고 십자가 성 요한의 영혼의 노래 28장이 나에게 이루어지길 기원해 본다. '님 하나 섬기는 일에 내 영혼 밑천마저 다 들였네 양 떼도 간데없고 아무 할 일도 다시 없네 다만지 사랑함이 내 일일 뿐일세.'

기억하는 벗들이 이 지상 어느 한 곳에 살아 있다는 사실 하나만이라도 기쁘다는 어느 시인의 말을 회상하며 사랑하는 벗들의 삶이 '하느님 안에 믿음의 노래, 사랑의 노래, 희망의 노래를 부르는 삶이' 되길 기도해 본다.

은둔소에서 보낸 성탄과 새해

"나 어떤 일이 있어도 야훼를 찬양하리라. 주를 찬양하는 노래 내 입에서 그칠 날이 없으리라."

'하느님 제가 당신을 사랑해도 좋은지요? 아기 예수님을 한없이 사랑하고파 가장 아름다운 말없는 기도로 저의 마음을 채워지는 성탄이 되고파 이 번 길을 떠났습니다. 언제나 정성껏 마련해 주신 온갖 도움과 그 주시는 겸손과 아무 가진 것 없이 몸 굽혀 받아야 하는 겸손까지 배웁니다.'

한해의 마지막 자리와 새해의 첫 자리에 함께한 은수자들 안에서 성서의 인물들을 만났고, 나는 보고, 읽고, 느꼈습니다.

작고 힘없고 가난하지만 맑고 순진무구한 아기 예수님을, 아기 예수를 낳아 품에 안으신 어머니 마리아를, 충직한 파수꾼인 겸손한 요셉을, 순박한 영혼의 소유자인 목동들을, '그분의 별을 보고 그분에게 경배하러 온' 동방박사들을, '아기 예수님을 두 팔에 받아 안고 하느님을 찬양한' 시몬을, '성전을 떠나지 않고 밤낮없이 단식과 기도로써 하느님을 섬겨온' 안나를.

잔잔한 미소 안에서 그들의 희망을 보고 묵묵히 꿇어 경배하는 모습 하나 하나에서 그들의 신앙을 읽고, 눈에 고인 그들의 눈물 안에서 사랑을 느꼈습니다.

은수자는 누구이며 은수자들은 무엇 하는 사람들인가?
시선 하나에 고정되어 눈길 한 번 주지 않는 그들은 누구인가?
인간적 아름다움이란 찾아볼 수 없는 그들의 얼굴은 자연과 동화
되어 있는 듯하다.

거칠고 두툼한 그들의 손은 그들이 살아온 생애를 이야기해 주
는 듯하다. 그들의 노래 소리는 애가 끓는다. 하늘을 향한 한 맺힌
사랑 때문인가?

태고의 자연 속에 침묵과 고독과 정적이 감도는 은둔소 그 안에
은수자들의 생명은 숨쉬고 있다. 하늘과 땅을 향해. 하늘이 있기
에 그들은 존재하고 그 있음 안에 그들은 영원을 향유한다. 그들
이 있기에 세상은 더 아름다워질 수 있는 것이 아닐는지.

'돌아오는 귀향길에서 이번 길 떠날 때 바랐던 한 가지 그 겸손
의 씨를 마음 속 그 가운데 자리에 실을 수 있게 해 주신 아기 예
수님께' 감사의 기도, 찬미의 기도, 사랑과 흠숭을 드리며, 내 영
혼은 노래를 불렀다.

50년 성성의 해거름녘 뒤안길에서

　당신의 시간 안에 늘 바라보던 하늘이 어느 새 저만치 앞서 가며 우리를 재촉합니다. 이렇게 세월은 새로운 시간 안에 자리를 내 놓았고, 반 백년 긴긴 여정의 해거름녘에 서 있는 우리는 하나의 연륜을 이루어 냈습니다. 박수를 쳐줍니다. 당신에게 그리고 우리 모두에게……．

　당신의 성전이 축성되고 첫 미사가 봉헌되어 성체가 모셔진지 50년의 성성의 뒤안길에서 문득 하늘을 봅니다. 하늘에 비쳐진 우리를 둘러쌓던 삶의 형체들이 제각기 모습으로 선연히 떠오릅니다. 설레임과 기쁨 그리고 아픔 또한 가득했던 지난날이 저려오는 가슴에 다시는 닿을 수 없는 소중한 인연의 기억들이 영상 속에 가득히 메워져 더욱 애틋한 그리움을 갖게 합니다.

　당신의 성체 앞에서 우리는 늘 하느님의 본질을 찾으려고 애씁니다. 고요와 침묵이 있고 인간의 온갖 더러움까지 포용하는 자애와 관대 그리고 용서와 사랑 자체이신 성체 그 안에서 인생의 모든 신비를 알아듣게 됩니다.

　당신이 머무시는 성전은 우리 마음의 고향이고 신앙의 학교이며 영혼의 안식처입니다. 성전 안에서 얼마나 많은 사람들이 생명의 환희를 맛보았는지요. 찌든 삶 멍든 가슴속에 겹겹이 저며온 고통에 위로를, 온갖 근심걱정과 두려움 속에 평화를, 실패와 낙담과 어두움에 용기를, 분열과 미움과 자기 안에 사랑을, 절망과 공허와 허무 속에 희망을, 진실한 통회의 눈물에 용서를, 아름다운 기도의 향기 안에 거룩함을, 순수한 사랑의 마음 안에 기쁨을, 영광과 찬미의 노래 안에 성스러움을, 순수한 영혼의 봉헌 안에 일치의 희열을 주신 분도 당신입니다. 여기 믿고 바라고 사랑했던 사람들이 있습니다.

당신을 떠나 끝없는 사막을 헤매었을 때도 절해 고도와 같은 깊은 설움과 외로움 속에서도, 온전히 부서질 수 없는 모순의 무거운 짐들이 힘에 겨울 때에도, 수많은 두려움과 혼돈 속에서도, 시련의 끝자락과 절망의 밑바닥에서도, 우리를 이끌어내 주신 당신의 그 깊고 넓은 사랑에 감탄하고 신기해합니다. 당신의 사랑은 해질 무렵 들 언덕에 가득 퍼지는 노을 빛깔의 평화스러움처럼 늘 맑은 소망을 지니게 하고 희망을 피어나게 합니다.

당신을 대면할 때마다 우리 영혼 안에 투명한 빛으로 다가 오십니다. 그래서 태초에 빚어주신 그 순수한 모상을 찾게 해 주시고, 세상을 아름답게 느낄 수 있게 풍부한 감성을 일깨워 주시고 지친 마음에 위로와 용기를 주시고, 흐르는 피를 따뜻하게 변화시키시어 이웃을 향해 열린 마음으로 다가서게 해 주십니다.

당신은 그러나 오늘도 고통을 호소하십니다. 이 거룩한 잔치에 함께 하지 못한 이들 때문이지요. 그러기에 우리는 오늘도 모든 희망과 사랑을 모아 당신의 제단 앞에 모여왔습니다. 당신의 교회가 이제 큰 나무가 되어 모든 이의 안식과 쉼터 된 오늘, 이곳을 스치고 떠나간 과거의 모든 사람과 현재의 우리들, 미래에 이곳을 지킬 사람과 함께 당신의 사랑에 감사드리며 이날을 경축합니다. 우리의 행위 하나 하나에 모든 사랑과 슬픔, 기쁨과 고통, 기도와 아픔 그리고 선함과 가난을 모아 승리와 희망의 빛으로 채색을 해 가며 춤과 노래와 시와 글로 잔치를 벌입니다.

당신은 우리에게 이들의 아버지, 어머니, 형제, 자매, 이웃이 되라고 소명을 주셨는데 우리는 지금껏 무엇을 해왔는지요. 매일 천상 생명의 빵을 먹고 살아가는 우리는 삶을 통해 복음의 빛을 비출 수 있어야 했는데 지금껏 누구를 위해 살아왔는지요. 당신의 처절한 외침과 목마름 앞에 우리는 숙연해집니다. "네가 나를 사랑하느냐."(요한 21.17)라는 물음 앞에 할 말을 잊어버립니다.

당신께서 '원하는 것'을 원한다는 것이 때로는 얼마나 어려운 일인가를 우리는 알고 있습니다. "나는 내 양들을 위하여 목숨을 바친다."(요한 10.1) 당신이 생명을 바쳐 구원하시기를 원하여 인간을 위해 죽으셨듯이 우리도 그렇게 죽어야 하기 때문입니다. "벗을 위하여 제 목숨을 바치는 것보다 더 큰 사랑은 없다."(요한 15.13) 이처럼 또 하나의 그리스도를 낳기 위해서는 죽지 않으면 안되기 때문입니다.

당신의 말씀 안에 우리는 존재합니다. "이 사람들이 진리를 위하여 몸을 바치는 사람들이 되게 하여 주십시오. 아버지의 말씀이 곧 진리입니다."(요한 18.17)

그러기에 우리는 말씀을 받아 전해야 할 소명과 함께, 말씀을 사랑이라는 진실한 행동을 통해 완성시킬 의무도 있습니다. "남에게 주어라. 그러면 너희도 받을 것이다. 말에다 누르고 흔들어 넘치도록 후하게 담아서 너희에게 안겨 주실 것이다."(루가 6.38) 당신이 생명을 내놓으셨듯이, 우리도 세상을 향해 열어야 하고 모든 것을 주어야 할 것입니다. 왜냐하면 당신의 사랑을 나눔은 모든 것을 나누는 마음이기 때문입니다.

당신은 말씀하십니다. "나를 따라 오너라."(마태오 4.19) 부르심에 응답하는 것은 무엇입니까? 그것은 머무르는 삶이 아니라 따라 나서는 삶을 말해 줍니다. "이 몸은 주님의 종입니다. 지금 말씀대로 저에게 이루어지기를 바랍니다."(루가 1.38)라는 마리아의 응답보다 더 아름다운 응답이 어디에 또 있겠습니까? 당신의 부르심은 한 번에 그치지 않고 일생을 통해 쉼없이 부르십니다. 우리는 그 부르심에 우리의 소명을 발견합니다. 부르심에 대한 응답은 무엇입니까.

새 하늘, 새 땅, 새 인간을 향하여 끝없이 변화되고 성장해서 성화되는 것입니다. 바로 여기에 인간의 아름다움이 있습니다.

<<당신 안에 산다는 것은 무엇입니까? 산다는 것은 아름다움으로 치장하는 것이 아니고 실존이고 생명임을 봅니다. '참으로 "삶"이란 보여지고 드러나는 것만이 전부가 아닌, 보여지지 않고 드러나지 않는 우리의 영혼 안에 그리스도의 인호를 수놓아 가는 영원한 우리의 삶을 소중한 생명으로 피어나게 해야 할 것 같습니다. 먼 훗날 되돌아보며 그 소중함의 씨앗을 거둘 수 있도록 우리의 삶을 서로가 지켜주어야 합니다.>>

당신께 우리는 오늘 묻고 있습니다. "사람이 무엇이기에 이토록 생각해 주시고 사람이 무엇이기에 이토록 보살펴 주십니까?"(시편 8.5) 우리는 당신의 무한한 사랑 앞에 말을 잊어버립니다. 다만 감사의 마음 뿐…… 그리고 오늘 우리가 모여 당신께 노래했듯 미래의 우리가 다시 모여 노래할 그날을 희망해 봅니다. 보다 나은 내일의 해후를 기다리면서…… 우리는 당신의 성성에서 영원토록 찬미의 노래를 부를 것입니다.

영혼의 성에 나타난 하느님의 현존

'하느님의 존재'와 '현존 양식'에 대한 물음은 인간의 의식 속에 늘 인지되어 왔었다. 또한 하느님이 '존재하느냐' '않느냐'의 문제는 하느님의 존재 유무를 둘러싼 회의로부터 출발했다기보다 하느님이 현실 세계 안에서 그 현존을 느낄 수 없는 침묵으로부터 그 무력성을 시사하는 것으로 이해된다. 그러기에 '하느님의 존재'와 '현존 양식의 문제'는 "야훼는 숨어 계시다"는 명제를 잘 해명하는데 있다. 지성적인 문제를 지나서 실존적인 현실을 앞에 놓고 '숨는다'는 뜻을 해명하는 것이 선무(先務)라고 생각된다. 그것은 이 물음이 충실하게 입증되지 않는 한 신앙인들의 영성생활은 무의미한 것이다.

하느님의 현존은 '무한한 활동적인 현존'과 '객관적인 현존' 양식으로 나타난다.

무한자이신 하느님 모든 것을 창조하시고 유지시키기 위해 피조물 안에 계속적인 창조라는 하느님의 활동이 중지된다면 모든 피조물은 무(無)로 떨어지고 만다. "만물은 그분으로 말미암아 존재합니다"라고 성 바오로 사도는 말하고 있다. 그러므로 하느님은 활동적인 능력에 대해 어디든지 계시고, 본질적인 실제의 현존의 종속명 아래 지칭되고 있다. 인간은 하느님의 손으로 진흙을 빚어 만든 형상에 생명을 불어넣어 당신의 모사에 따라 창조된 존재이다.

　신성의 참여인 이 은혜는 '무한한 현존에 의해 가장 높고 현실화된 작품' 이다.

　그러나 이 무한한 현존은 우리 내면적 하느님과의 우리 교제들을 설명하지 않는다. 우리는 객관적 현존이라고 부르는 다른 현존 방법에 힘을 빌려야만 한다. '객관적 현존' 이란 무한한 현존에 의해 하느님은 영혼에게 자신의 활동으로 자신의 현존과 본성을 간접적으로 나타내어 영혼이 성삼위적 생활에 참여토록 하시는 것을 말한다. 이 참여를 가능케 하는 것을 예수의 성녀 테레사는 '우정의 만남' 인 기도라고 정의한다.

　예수의 성녀 테레사는 '영혼의 성' 에서 '이성이 바로 영혼' 이며 영혼의 성에 들어가는 문을 기도라 하였다. 기도는 하느님과 영혼의 우정의 거래로 "영혼을 위한 하느님의 사랑과 하느님을 위한 영혼의 초자연적 사랑이라는 이중운동의 열매이다."

　예수의 성녀 테레사는 이 이중적 운동에 대한 발전 안에 두 가지 진행과정을 구분하고 있다. 첫 번째 진행과정에서 하느님은 일반적인 도움이나 혹은 영혼에게 허락된 일상의 은혜에 의해 사랑을 표현하신다. 이 단계에서는 이니시어티브와 활동의 주역을 하는 것은 인간편이다.

　하느님의 도움에 적극 응답하는 크리스찬의 삶의 가장 중요한 기본적인 단계에 해당한다. 두 번째 진행과정 안에서 하느님께서 더욱 더 능력 있는 특별한 도움에 의해 묵상기도에 개입하면서 점진적으로 영혼에 개입하시어 점차적으로 당신께로 영혼을 이끌어 조금씩 영혼은 수동성에 이르게 된다.

영혼의 성은 하느님과 영혼의 이 이중 운동을 7궁방으로 나누어 서술하고 있고 영혼의 가장 중심부에 하느님이 객관적 현존으로 존재한다고 설명하고 있다. 즉 예수의 성녀 테레사는 영혼의 성에서 영혼이 하느님과의 일치의 과정을 초심자들의 제일보로부터 신비적 일치의 최고봉까지 영적인 길의 완벽한 안내자로서 이끌고 있다.

하느님과 인간 사이에는 '하느님을 알지 못하는 구름', 즉 '무지의 구름'이 끼어 있다. 다시 말하면 인간은 '무한한 현존에 의해 가장 높고 현실화된 작품' 자체로는 하느님을 알지 못한다.

하느님께서 당신의 자비로 초자연적 은총인 '객관적 현존'으로 우리에게 다가와 일치할 때 영혼은 하느님 안에 있고 하느님은 영혼 안에 계시다는 사실을 의심할 수 없게 된다.

영성생활은 점진적인 내재성으로 영혼이 하느님을 향해 나아가 하느님과의 영원한 일치를 위한 삶이다. 그러기 위해서는 하느님을 뵙고 하느님을 찾기 위해 영혼은 자기가 있는 위치를 알고 하느님을 만날 때까지 점차적으로 내재화해야 되는데 이 내재화의 과정을 설명한 것이 영혼의 성이다.

영혼의 성에서 예수의 성녀 테레사는 하느님과 깊은 일치 즉 영적 결혼을 이루는 것이 인간의 목표이며 이상임을 영성생활의 목적으로 제시하고 있다.

침묵의 여정길 · 1
– 침묵의 저편을 향하여

창공에 펼쳐 놓은 수많은 별자리 안에서도 계시지 않으셨고
세상을 비추는 찬란한 태양 안에서도 보이지 않으셨고
어둠을 벗기는 은은한 달빛 안에서도 느끼지 못했고
구름을 휘몰아치는 세찬 폭풍 안에서도 듣지 못했고
하늘을 찌르는 높은 태산 안에서도 뜨이지 않으셨고
만물이 숨을 쉬는 광활한 대지 안에도 찾지 못했고
땅을 덮어 버린 깜깜한 밤 안에서도 감지하지 못했고
바다를 받쳐 들은 깊은 심해 안에서도 발견하지 못했고

우주를 품에 안고 시공을 넘어 첫 강복이 살아 숨쉬는
세상에 유일한 존재인 내 영혼의 고요 안에서
비로소 침묵의 저편 세계에 계신 당신을 만났습니다.

침묵의 여정길 · 2
– 침묵의 저편을 바라보며

인생의 여정은 하느님 품으로 돌아가는 것
인생의 고향은 하느님 마음속에 있는 것
인생의 고독은 하느님에 대한 그리움에서 오는 것
인생의 양식은 하느님의 말씀으로 사는 것
인생의 평화는 하느님 안에 잠드는 것
인생의 아름다움은 하느님의 모상을 닮아 가는 것
인생의 존귀함은 하느님의 아들이라 불릴 수 있는 것
인생의 향기는 하느님의 아름다움을 나타내 주는 것
인생의 환희는 하느님을 기쁘게 해 드릴 수 있는 것
인생의 해방은 하느님의 초월성을 덧입는 것
인생의 고통은 하느님 수난의 십자가에 동참하는 것
인생의 희망은 하느님을 뵐 수 있는 것
인생의 행복은 하느님을 사랑할 수 있다는 것
인생의 희열은 하느님을 마음으로 느낄 수 있는 것
인생의 멋은 하느님을 관조하는 것
인생의 기쁨은 하느님 은총의 향기에 젖어 드는 것
인생의 행운은 하느님을 아버지라 부를 수 있는 것
인생의 찬송은 하느님의 위대하심을 깊이 찬탄하는 것
인생의 존재는 하느님이 실체적으로 계신다는 것
인생의 운명은 하느님의 섭리에 순응하는 것

인생의 완성은 하느님의 뜻을 이루는 것
인생의 자유는 하느님의 진리 안에 투신하는 것
인생의 소중함은 하느님께 봉헌할 수 있는 것
인생의 지식은 하느님의 지혜를 찾아 얻는 것
인생의 신비는 하느님과의 신비적 일치를 이루는 것
인생의 소명은 하느님 부르심을 따라가는 것
인생의 축제는 하느님의 축복 속에 살아가는 것
인생의 미소는 하느님 창조의 신비를 깨쳐 가는 것
인생의 인연은 하느님과 늘 새로운 만남을 이루는 것

인생은 사랑에서 나서 사랑 때문에 살다가 사랑을 통해 사랑 안으로 되돌아가는 것,

그러기에 오늘도 하느님께서 주신 이 은총의 하루를 겸허히 받아 안습니다.

침묵의 여정길 · 3

― 침묵의 저편을 그리워하며

분쟁도 다툼도 없어 평화의 향기가 피어나는 평화의 땅

온갖 시름을 잊고 웃음이 꽃피는 기쁨의 땅

여유와 넉넉함 안에 풍요로움이 가득한 휴식의 땅

미움도 시기도 벗어 사랑만을 맛볼 수 있는 사랑의 땅

암흑도 죽음도 벗고 생명의 샘물을 마실 수 있는 생명의 땅

벽도 한계도 없어 모든 것을 넘어 자유로움이 있는 자유의 땅

억압도 착취도 없기에 기쁨을 누릴 수 있는 해방의 땅

불의와 무질서가 없고 공정이 길 한복판에 있는 정의의 땅

고뇌와 비애가 가고 평온이 그윽한 행복의 땅

시간의 단절과 유한도 없고 알파와 오메가가 있는 영원의 땅

죄와 악으로부터 승리한 영혼들의 노래가 있는 승리의 땅

티없이 맑고 깨끗한 영혼들의 찬미와 흠숭이 있는 기도의 땅

소음도 소란도 없어 침묵의 향기에 흠뻑 젖을 수 있는 침묵의 땅

하느님과 인간 사이에 이루어진 계약이 완성되는 약속의 땅

전에 계셨고 지금도 계시고 장차 오실 분의 옥좌가 있는 왕국의 땅

혼돈도 거짓도 없고 오직 길이요 진리요 생명이신 분이 계신 진리의 땅

하느님의 아름다운 존영의 광채가 빛나는 영광의 땅

인간에 대한 하느님의 구원 역사가 완성되는 구원의 땅
하느님의 무한하심과 선하심 그리고 위대함이 가득한 거룩한
땅
하느님의 외아들 예수 그리스도의 혼인 잔치가 있는 축제의 땅

두려움에 떨고 고통에 울던 영혼이 안식을 얻을 수 있는 땅
고달픈 인생살이에 지친 육신이 쉼을 만날 수 있는 땅
시련에 찌들고 상처받은 정신이 치유를 받을 수 있는 땅
가슴에 겹겹이 저며온 한의 마음을 풀 수 있는 땅

침묵의 여정길 · 4
- 침묵의 저편을 넘어

내일이 오면 빈손이 되리니
오늘 이 지상의 부귀와 영화, 권세와 재물, 권위와 업적을 내려
놓습니다.
내일이 올 때 죽음이 오리니
오늘 오욕과 희로애락으로 얼룩진 내 영혼의 허물을 벗습니다
내일이 와 무덤으로 가리니
오늘 사념과 사상, 자만과 허영, 애착과 애념을 태워 버립니다.
내일이 와서 흙이 될 것이니
오늘 지나온, 다가올, 그리고 현실의 멍에를 풀어 버립니다.
내일이 될 때 허무로 돌아가리니
오늘 소유와 기억 그리고 희망으로 가득한 마음을 비웁니다.
내일이 되면 티끌이 되리니
오늘 오관의 느낌도, 상상의 날개도, 지성의 추리도,
의지의 힘도, 기억 속의 추억도, 믿음과 희망과 사랑 안에 잠재
웁니다.
내일이 와 생이 마감되리니
오늘 자아의 현세적, 자연적, 영적 멸각을 통해 새 영혼이 됩니
다.
내일이 되어 저승길로 가리니
오늘 참회의 눈물을 쏟고 이 지상의 마지막 축복을 받습니다.

내일이 지나 정의 앞에 서리니
오늘 두렵고 떨리는 마음으로 자비를 청합니다.
내일이 가면 하느님을 뵈오리니
오늘 형제들과 작별을 고하고 평화의 인사를 나눕니다.

내일은 내 삶에 깊은 어두움이 드리워지나
그 어두움은 곧 생명의 태동이 되고 희망이 되어 찬란한 그리스
도의 부활을 체험하리라.

침묵의 여정길 · 5
- 침묵의 저편 안에서

인간의 無가 하느님의 全에 귀속되고
인간의 人生이 하느님의 神聖 안에 빛나고
인간의 無知를 하느님의 叡智에 묻고
인간의 빈손 안에 하느님의 全能을 받고
인간의 自然性이 하느님의 超越性 안에 昇華되고
인간의 時間이 하느님의 永遠性 안에 包含되고
인간의 그림자가 하느님의 빛 안에 숨고
인간의 罪가 하느님의 慈悲를 입고
인간의 숨결이 하느님의 靈과 하나 되고
인간의 죽음이 하느님의 생명 안에 復活하고
인간의 言語가 하느님의 말씀에 沈默하고
인간의 限界가 하느님의 完全 안에 完成되고
인간의 가난이 하느님의 풍요로움으로 充滿하고
인간의 믿음이 하느님의 實存과 만나고
인간의 사랑이 하느님의 사랑과 合一되고
인간의 고통이 하느님의 은총 안에 治癒되고
인간의 榮華가 하느님의 榮光 안에 빛나고

　　나와 더불어 살아왔던 삶의 모든 것이 침묵과 더불어 하느님 안
에 묻고 잠들어 영원히 깊은 休息 속에 잠기는 곳, 침묵의 저편을
향해, 침묵의 저편을 바라보다, 침묵의 저편에 서서, 침묵의 저편
안에서, 침묵의 旅程 길을 그려보았습니다.

사랑은 사랑에게만 자신을 드러내 보인다

하느님 안에서 마음을 흰 백지에 담아보기까지는 긴 시간이 흘렀습니다. 소중한 이웃들이 소식을 전해 올 때마다 내내 마음의 빛을 지고 살다가 '텅 빈 들녘이어도 반쯤 채운 항아리어도' 침묵을 넘어 화폭에 영혼의 수를 놓아 봅니다. 그리고 '나는 걷고 있지만 걷는 것이 아니요.' '나는 울고 있지만 우는 것이 아니요.' '나는 살고 있지만 사는 것이 아니다.' 라는 역설적인 표현을 통해 내가 살아 있음을 자각하고 있습니다.

제 앞에는 '한 사람'이 있습니다. 제 안에는 '참 생명'이 있습니다. 그런데 그의 진정한 존재는 어디에 있을까요? 그 존재 안에서 어떤 그리스도의 말씀을 듣기 위해 침묵에 귀를 기울이는가요? 하느님 안에서 존재하는 것이 사랑하고 자신을 내주는 것이라면, '하나의 실존, 즉 그 안에 살아 있다는 것'은, 살아 있기에 현실 안에서 다른 존재에게 응답할 수 있는 것인지도 모릅니다.

글을 쓴다는 것도 그 한 가지 응답의 방법이겠지요. 글은 한 영혼의 축제이고 생명의 향연이지요. '글을 쓰는 사람의 마음은 아름답고 깊은 것 같습니다. 깊은 산중에 아무도 보는 이 없는데 하늘을 이고 홀로 바람 속에 피는 들꽃 같기도 하고…….
한 영혼이 그가 지닌 세계를 마주하는 것은 참 신비스럽게 느껴집니다.

　'예수님은 우리 사랑의 전부요. 우리 기쁨의 전부이다.' 라는 말씀처럼 우리는 예수님의 사랑에 포로가 된 사람들입니다. 예수님의 말씀에 감동되었고 그분의 삶에 반했고 그분의 사랑에 함락되어 그분만을 따르도록 운명지워진 사람들입니다.

　예수님은 인생이고 생명이고 희망이며 또한 현실의 삶이요 우리의 모든 것입니다. 그분과의 만남 안에 그리워 찾고 갈망하던 예수님을 발견하고 행복해 합니다.

　그 만남은 세상에 모든 이가 초대되어 하느님의 신비 안에 자신을 버리고 자신을 잊게 만들고 그분에 대한 무궁한 경외심을 일으켜 영적 생명에 대한 갈망을 일으킵니다.

　그 만남은 개척자의 마음처럼 찾고 탐색하고 발견하면서 미지의 신비의 세계로 나아가게 됩니다.

　그 만남은 때로는 소리 없는 침묵이고 텅 빈 고독이라 하더라고 순수한 사랑과 깊은 우정을 쌓아갑니다.

　그 만남은 십자가의 비밀스러운 세계에서 죄와 죽음과 고통의 해방을 알리고 참생명을 누리면서 새로운 열정과 창조적 희망을 일으킵니다.

그 만남은 그분의 고귀함과 성스러움과 관대함을 통해 영혼을 거룩하고 충만하게 만들면서 영원성에 대한 갈망을 일으킵니다.

그 만남은 저 위대한 빛과 지혜의 샘을 통해 나를 변화시켜 의식을 맑고 투명하게 깨우쳐 줍니다.

그 만남은 자유가 숨쉬는 저 무한한 공간으로 이끌고가 그분을 향유하고 누리면서 마음껏 뛰놀게 합니다.

그 만남은 깊은 심연의 한복판으로 이끌어내 영혼의 고향인 천상의 행복이 무엇인지 맛보게 합니다.

그 만남은 그분의 아름다움에 대한 경탄과 탄복을 통해 찬미와 흠숭과 감사를 드리게 합니다.

그 만남은 사랑의 근원이신 분과의 친밀한 일치성을 통해 하나의 성사가 되어 축복과 평화, 기쁨과 행복을 가져다 줍니다.

그 만남은 영원한 생명으로의 초대이기에 생명을 잉태하고 새로운 영혼으로 거듭 태어나며, 예수님의 인격 안에서 인간 영혼의 신비를 내면화하게 합니다.

그 만남은 침묵의 세계 안에 인간 실존을 규명하고 살아 있다는 것이 얼마나 존귀한 존재인지를 명백한 사실로 인식시켜 줍니다.

저는 처음 수도원에 입회할 때처럼 그 첫 마음의 자리로 돌아와 행복해 합니다.

잔잔한 바다, 맑은 공기, 생명의 산, 좋은 형제들, 사랑의 하느님을 느끼며 기뻐합니다.

'잘산다는 것은 잘 죽는 길이고 매순간 잘 죽는 것이 잘사는 길' 임을 생각해 봅니다. 모든 것이 은총이 되기 위해 비우고 버리고 떠나고 영혼의 봄이 오길 기다립니다. 봄이 오면 덕행의 꽃 향기로 주님을 기쁘게 해 드리겠지요.

소중한 이웃들이 보여 주신 호의와 기도에 깊은 감사를 드리며 모두가 순수함을 간직한 채 맑은 미소 속에 행복하시길 빌어 봅니다.

글 모음

기도와 소망

희망을 가진 사람은 자기 소원이 어떻게 이루어질까 하는 걱정에 사로잡히지 않는다. 그의 기도는 선물을 위한 기도가 아니라 선물을 주시는 분께로 향한다.

이러한 기도 역심 많은 소망을 내포하고 있다.

그러나 이 기도는 모든 좋은 것을 주시는 분께 대한 끝없는 믿음의 표현이다. ……했으면 좋겠지만 ……을 바랄 뿐이다. 어떠한 보증도 요구하지 않고 아무런 조건도 제시하지 않으며 어떤 증거도 강요하지 않고 어떠한 모양으로도 그분을 구속하지 않고 다만 그분께 모든 것을 기대하는 것이 소망의 기도의 본질이다.

그분은 좋은 것만 주신다는 전제하에 희망이 자리하고 있다.

희망은 언제 어디서 어떤 모양으로 이루어질지 모르나 사랑을 약속한 분이 이를 실천할 때를 기다리는 너그러움도 포함되어 있다.

희망을 가지고 기도할 때의 구체적인 모든 요청은 약속을 꼭 지키시는 분, 좋은 것만 주시는 분, 좋은 것을 함께 나누고자 하시는 분께 대한 무한한 신뢰의 표현에 불과하다.

희망을 가지고 기도하는 사람은 하느님은 진실한 분이시

라는 것으로 만족하며 약속을 지키시는 그분께 자기를 맡긴
다.
　수많은 우리의 요청은 우리와 함께 나누고자 하시는 사랑
예찬 하느님께 온전히 신뢰한다고 말하는 구체적인 방법이
다.〈H.뉴웬〉

함께 있으면 좋은 사람

그대를 만나던 날 느낌이 참 좋았습니다.

착한 눈빛, 해맑은 웃음, 한 마디 한 마디의 말에도
따뜻한 배려가 있어 잠시 동안 함께 있었는데
오랜 사귄 친구처럼 마음이 편안했습니다.

내가 하는 말들을 웃는 얼굴로 잘 들어주고
어떤 격식이나 체면 차림없이 있는 그대로 보여주는
솔직하고 담백함이 참으로 좋았습니다.

그대가 내 마음을 읽어 주는 것만 같아
둥지를 잃은 새가 새 둥지를 찾은 것만 같았습니다.
짧은 만남이지만 기쁘고 즐거웠습니다.

오랜만에 마음을 함께
맞추고 싶은 사람을 만났습니다.

마치 사랑하는 사람에게
장미꽃 한 다발을 받는 것보다
더 행복했습니다.

그대는 함께 있으면 있을수록
더 좋은 사람입니다.

사랑을 지켜가는 아름다운 간격

함께 있되 거리를 두라
그래서 하늘 바람이 너희 사이에서 춤추게 하라

서로 사랑하라
그러나 사랑으로 구속하지는 말라
그보다 너희 혼과 혼의 두 언덕 사이에
출렁이는 바다를 놓아두라

서로의 잔을 채워 두되 한쪽의 잔을 마시지 말라
서로의 빵을 주되 한쪽의 빵만을 먹지 말라

함께 노래하고 춤추며 즐거워하되
서로는 혼자 있게 하라
마치 현악기의 줄들이 하나의 음악을 울릴지라도
줄은 서로 혼자이듯이

서로 가슴을 주라
그러나 서로의 가슴 속에 묶어 두지는 말라
오직 큰 생명의 손길만이 너희의 가슴을 간직할 수 있다.

함께 서 있으라
그러나 너무 가까이 서 있지는 말라
사원의 기둥들도 서로 떨어져 있고
참나무와 삼나무는 서로의 그늘 속에선 자랄 수 없다.

분노를 다루는 비결

사람들이 나를 비판하더라도 나는 그것을 견디어 낼 수 있다. 내가 꼭 완전해야만 한다는 법은 없다.

어떤 사람이 벽을 쌓는다면 그것은 그들의 일일 뿐이다. 내가 그들의 분노에 반응해야 할 필요도 없고 위협을 느낄 필요도 없다.

논쟁에 휘말릴 때 나는 내가 계획했던 바를 지키면서 무슨 일을 해야 할지 알 수 있다. 잠시 물러나서 머리를 식힐 시간을 가질 수 있다.

우리는 대부분 어리석고 무의미한 일들로 다투곤 한다. 내가 오랫동안 기본적으로 지녀왔던 감정들이 다시 자극 받아서 화를 내고 있는 것이 아닌지 알아차릴 수 있다. 이런 다툼에서는 벗어나는 것이 좋다.

다른 사람의 사랑과 인정을 받는 것은 멋진 일이지만 그것이 없더라도 나는 여전히 내 자신을 받아들일 수 있고 좋아할 수 있다.

사람들은 한 가지 이유로 해서 연필 끝에 지우개를 붙여 놓는다. 실수를 해도 괜찮다는 것이 바로 그 이유이다.

사람들은 내가 원하는 방식이 아니라 그들이 원하는 방식으로 행동하려 한다.

내가 화났다고 느낀다면 그것은 내가 상처받았다거나 다쳤다는 것을 의미한다. 화가 나는 상황에서는 나 자신을 증명할 필요가 없다. 다만 조용히 있으면 된다.

내가 냉정을 지키는 한 나는 자신을 통제할 수 있다.

다른 사람이 별로 중요하게 생각하지 않는 것에 대해 내 자신을 의심할 필요가 없다. 나 자신만이 유일하게 나를 화나게 만들 수도 있고 차분하게 가라앉힐 수도 있다.

긴장을 풀고 일을 좀 천천히 처리할 시간을 가져라. 또한 너무 빡빡해져 있다고 느끼면 좀 물러설 시간을 취하라.

화가 나는 것은 하나의 신호이다. 내 자신과 대화하고 느긋해질 시간을 가져라.

위협을 느낄 필요가 없다. 긴장을 풀고 차분하게 자신을 가라앉힐 수 있다.

언제나 내가 능력 있고 강한 사람이 되어야 할 필요는 없다. 확신이 들지 않거나 혼란스럽다고 느껴도 괜찮다.

다른 사람이나 상황을 통제하기란 불가능하다. 나는 단지 내 자신과 내 감정을 표현하는 방법만을 통제할 수 있을 뿐이다.

때때로 불확실하거나 불안하다고 느껴도 괜찮다. 내가 항상 모든 것, 모든 사람을 통제해야 할 필요는 없다.

이해

- J.갈로 -

주님이 우리를 이해하시듯 깊은 곳에 눈물을 드리우는 사랑의 마음으로 형제를 이해하도록 도와주십시오.

비판과 비난이 하고파질 때, 가장 필요한 것은 관대한 마음으로 이해하는 것임을 상기시켜 주십시오.

악과 악의가 제 눈을 비쳐올 때에도 그곳에는 선의가 있었으나 표현이 서툴렀던 거라고 생각하게 해 주십시오.

뚜렷이 드러나는 나쁜 버릇을 언제까지도 버리지 못하는 것이 눈에 뜨일 때, 고치겠다는 생각은 하면서도 고치지 못하고 있는 연약함을 보게 해 주십시오.

부도덕한 행위를 볼 때, 그러한 행위를 하지 않을 수 없었던 말 못할 사정이 있었으리라는 생각을 하게 해 주십시오.

어느 인간의 태도를 이해할 수 없을 때, 주님만이 모든 것을 아시는 개개인의 신비를 존경하는 법을 가르쳐 주십시오.

넓게 볼 수 있는 시야를 주십시오.

이웃의 길은 내 길과 다르고, 하느님을 섬기고, 이웃을 위해 최선을 다하는 길도 각기 다르다는 것을 가르쳐 주십시오.

호감을 가질 수 없는 이웃을 깊이 이해하게 해 주십시오. 이로써 그를 더더욱 소중히 여기려는 때문입니다.

형제를 더욱 잘 알고 싶다는 바람을 우리 안에 굳혀 주시고, 더욱 너그럽고 친절한 마음으로 이웃과 사귀는 법을 가르쳐 주십시오.

뿌리가 나무에게

네가 여린 싹으로 터서 땅 속 어둠을 뚫고
태양을 향해 마침내 위로 오를 때
나는 오직 아래로
아래로 눈 먼 손 뻗어 어둠 헤치며 내려만 갔다.
네가 줄기로 솟아 봄날 푸른 잎을 낼 때
나는 여전히 아래로
더욱 아래로 막힌 어둠을 더듬었다
네가 드디어 꽃을 피우고
춤추고 나비 벌과 삶을 즐길 때에도
나는 거대한 바위에 맞서 몸살을 하며
보이지도 않는 눈으로 바늘 끝 같은 틈을 찾아야 했다
어느 날 네가 사나운 비바람 맞으며
가지가 찢어지고 뒤틀려 신음할 때
나는 너를 위하여 오직 안타까운 마음일 뿐이었으나,
나는 믿었다
내가 이 어둠을 온몸으로 부둥켜안고 있는 한
너는 쓰러지지 않으리라고
모든 시련 사라지고 가을이 되어
네가 탐스런 열매를 가지마다 맺을 때
나는 더 많은 물을 얻기 위하여

다시 아래로 내려가야만 했다.
잎 지고 열매 떨구고 네가 겨울의 휴식에 잠길 때에도
나는 흙에 묻혀 흙에 묻혀 가쁘게 숨을 쉬었다.
봄이 오면 너는 다시 영광을 누리려니와
나는 잊어도 좋다, 어둠처럼 까맣게 잊어도 좋다.
        - 이현주 -

- 말 한 마디 -

부주의한 말 한 마디가 싸움의 불씨가 되고
잔인한 말 한 마디가 삶을 파괴합니다.

쓰디쓴 말 한 마디가 증오의 씨를 뿌리고,
무례한 말 한 마디가 사랑의 불을 끕니다.

은혜로운 말 한 마디가 길을 평탄하게 하고,
즐거운 말 한 마디가 하루를 빛나게 합니다.

때에 맞는 말 한 마디가 긴장을 풀어 주고,
사랑의 말 한 마디가 축복을 줍니다.

침묵의 귀중함
- 토마스 머튼 -

침묵은 양선함입니다.
마음이 상했지만 답변을 하지 않을 때
내 권리를 주장하지 않을 때
내 명예에 대한 방어를 온전히 하느님께 내맡길 때
바로 침묵은 양선함입니다.

침묵은 자비입니다.
형제들의 탓을 드러내지 않을 때
지난 과거를 들추지 않고 용서할 때
판단하지 않고 마음 속 깊이 변호해 줄 때
바로 자비입니다.

침묵은 인내입니다.
인간의 위로를 찾지 않을 때
서두르지 않고 씨가 천천히 싹트는 것을 기다릴 때
바로 침묵은 인내입니다.

침묵은 겸손입니다.
형제들이 유명해지도록 입을 다물 때
하느님의 능력의 선물이 감추어졌을 때도

내 행동이 나쁘게 평가되든 어떻든 내버려 둘 때에
바로 침묵은 겸손입니다.

침묵은 신앙입니다.
그분이 행하도록 침묵할 때
주님의 현존에 있기 위해 세상 소리와 소음을 피할 때
그분이 아는 것만으로 충분하기에 인간의 이해를 찾지 않을
때
바로 침묵은 신앙입니다.

침묵은 흠숭입니다.
'왜' 라고 묻지 않고 십자가를 포용할 때
바로 침묵은 흠숭입니다.

영혼의 문을 열어라

영혼의 문을 열어라. 너를 위해 내가 할 수 없는 일이란 아무 것도 없다. 죄만 제하고는 무슨 일이든지 나는 너를 도와줄 수 있다.

죄에 있어서는 이상하게도 무력하다. 그러나 네가 죄를 범했을 때 네가 죄인이기 때문에 내가 너를 위해 죽었다는 것을 잊지 말라!

내가 용서하여 줄 수 없는 것은 아무 것도 없다. 나는 네가 가장 관대하다고 생각하는 사람도 나의 관대함에는 비할 바가 못된다. 이것은 네가 지닌 또 한 가지의 존엄성을 말하여 준다. 너는 네가 범죄하기 전보다 훨씬 더 하느님의 사랑을 받게 될 것이며, 신비스럽게도 하느님을 사랑하게 될 것이다. 그러므로 네 자신을 용서하라. 나는 너를 용서하여 주기 위해 내 생명을 바쳤다.

나를 믿으라, 나를 사랑하라고 내가 너를 조를 때 나를 믿으라 이렇게 말하는 나를 이해하라.

나는 어떻게 하면 네가 행복하게 될 수 있는지 안다. 그리고 네 행복이 천국에서 완전하게 되기를 간절히 원하고 있다.

네 이웃을 사랑하라. 너를 귀찮게 괴롭히는 사람, 네가 사랑하고 싶은 마음이 조금도 생기지 않는 사람을 사랑하라고 내가 너에게 명할지라도 또한 나를 믿으라. 바로 여기에 내가 시작한 사랑의 모험이 드러나고 있다.

찬란한 내 모습을 들어내어 너로 하여금 나를 사랑할 수밖에 없게끔 네 의사를 강요하고 싶지는 않다. 다만 네 자유를 존중함으로써 네 마음을 사로잡고 싶다. 나는 사랑의 모험을 하겠다.

나는 영성체를 통해서 나의 살과 피를 너에게 주고 싶다. 너는 네 이웃을 통하여 나의 사랑을 주고 받으라. 너와 마찬가지로 그들도 네 사랑과 나의 이해심을 요구해야 할 처지에 있다. 나를 믿는 사람이나 나를 모르는 사람, 나아가서는 제일 미소한 사람이라도 네가 그에게 봉사할 때마다 그는 너의 사랑을 통하여 나에게 올 것이며 그때 나는 너에게 갈 것이다.

나는 너를 창조한 아버지이다. 너의 형제인 예수는 너를 구원하였다. 그러므로 너는 내 것이다.

피와 땀과 눈물을 바치면서까지 너를 차지하려고 하는 자가 나 외에 누가 있겠는가? 너는 오직 네가 준 나의 사랑이다. 내 아들은 너에게 영원한 사랑을 주기 위해서 죽었다. 그러므로 그 영원한 사랑은 바로 네 것이다. 그 사랑을 다른 사람들과 함께 나누어 가져라.

너는 받지 않은 것이 아무것도 없다. 네게 줄 수 없는 것이란 아무것도 없다. 네 아들의 죽음을 통해서까지 구속하려고 한 사람이 바로 내 자신이라는 것을 알라.

너는 죽음으로부터 영광스럽게 부활한 내 아들의 영광에 참여하고 있는 인격자임을 알라.

　　　－ 하늘에 있는 너의 하느님으로부터 －

숨은 의인 성 요셉이여

당신은 말없이 보수를 기대함도 없이
누가 알아주기를 바람도 없이
순수하게 그저 당신을 내어 주셨으며

늘 남의 입장을 보호해 주었으며
남의 허물을 감싸줄 줄 알았고
자신의 포기와 양보로써
평화를 찾는 길을 추구했습니다.

당신은 늘 깨어 주님의 말씀에 귀 기울였고
듣는 순간 자기 계획을 포기할 줄 알았고
주님 길 선택하는데 과감하셨습니다.

주님 뜻 받드는 것이 당신 음식이 되고
남을 위한 봉사가 당신 기도가 되었으며
가족을 돌봄이 유일한 기쁨이었습니다.

당신은 평생토록 세상의 어느 누구도
당신을 의인이라 생각도 못했으며
더욱 당신 자신은 그저 종으로만 여겨

하느님 앞에 더욱 보배로웠고
그런 겸손과 그런 의덕이
아들을 맡길 정도로 하느님 눈에 드셨죠

세상에서는 한 줄기의 빛도
한 점의 영광도 못 누렸어도
지금 하느님 동산에 체드루스처럼
우뚝 서 계시며
성인들 중에 혜성처럼 빛나고 계십니다.

존경하올 성 요셉이여!
당신은 수도자의 모범이시고
주님을 찾는 자들의 지도자이시니
아직 투쟁 중에 있는 우리 이끄소서
당신 숨은 길 걷게 하소서.

영혼

- 칼릴 지브란 -

…… 그리고 여러 신 중의 신께서
영혼을 지으시고 아름답게 하셨으니
새벽녘 부드러운 바람과 꽃들의 향내
달빛의 사랑스러움을 그 영혼에 불어 넣으셨다네
또한 즐거움의 잔을 주시면서 발하셨으니
"과거를 잊으려거나 미래를 포기할 때가 아니면
이 잔을 마셔서는 안된다."
"즐거움의 의미를 이해하게 될 때
비로소 이 잔을 마셔라."

그리고 신께서는
만족함에서 나오는 탄식과는 구별되는 사랑과
오만한 말이 사라진 부드러움을 영혼에 더하셨네.
진실의 길도 인도하시려고 하늘의 신호를 만드셨고
보이지 않는 길 볼 수 있는 눈을 영혼 깊숙이 두시고
여러 환영들과 움직이는 형상
그리고 강물처럼 흐르는 환상을
영혼 안에 창조하셨네.

천사들이 무지개로 짜 놓은 갈망의 옷을 입히셨고

더불어 방황의 어두움을 함께 두셨으니
그것은 빛의 그림자였다네.

그리고 신께서는
분노의 대장간에서 가져온 불
무지의 사막에서 불어온 바람
이기심의 해변에서 모아온 모래.
노년의 발 아래서 털어 낸 먼지로써 사람을 지으셨네.

그 위에는 또한
격정에 사로잡혀 불길에 뛰어 들기도 하고
욕망 아래 누워 있는 맹목적인 힘을 더하셨지.
신께서는 죽음의 그림자와 같은 생명을
사람에게 주셨다네.
그리고 신 중의 신께서는 웃으셨고 또 우셨으며
끝도 한도 없는 사랑을 알았기에
사람과 그의 영혼을 하나로 모으셨다네.

내 영혼이 나에게 충고했네

1.

내 영혼이 나에게 충고했네

다른 이들이 싫어하는 모든 걸 사랑하라고

또한 다른 이들이 헐뜯는 사람들과 친구가 되라고.

사랑이란, 사랑하는 사람만이 아니라.

사랑 받는 사람까지도 고귀하게 만든다는 걸.

내 영혼은 보여주었네.

예전에는 사랑이

가까이에 피어난 두 꽃 사이에 거미줄과 같았네

그러나 이제 사랑은 시작도 끝도 없는 후광(後光)

지금까지 있어온 모든 것을 에워싼 채

영원히 빛날 후광과도 같다네.

2.

내 영혼이 나에게 충고했네

형태와 색채 뒤에 숨겨진 아름다움을 보라고

또한 추해 보이는 모든 것이 사랑스럽게 보일 때까지

잘 살펴보라고.

내 영혼이 이렇게 충고하기 전에는

아름다움을

연기 기둥 사이에서 흔들리는 횃불과 같다고 생각했지만
이제 연기는 사라져 없어지고
불타고 있는 모습만을 볼 뿐이라네.

3.
내 영혼이 나에게 충고했네
혀끝도 목청도 아닌 곳에서 울려나오는
목소리에 귀기울이라고
그날 이전에는 나의 귀가 둔하여
크고 우렁찬 소리밖에는 듣지 못했네
그러나 이제 침묵에 귀 기울이는 법을 배웠으니
시간과 우주를 찬송하며
영원의 비밀을 드러내는 침묵의 합창을 듣는다네

4.
내 영혼이 나에게 말했네
잔을 다를 수도 없고
손을 들 수도
입술로 느낄 수도 없는 포도주로
나의 갈증을 풀라고
그날까지 나의 갈증은
샘에서 솟아난 한 모금으로도 쉬이 꺼지는
잿불 속의 희미한 불씨였네

허나 이제 나의 강한 동경은
하나의 잔이 되었고
사랑이 나의 포도주로
그리고 외로움은 나의 즐거움으로 변하였다네

5.
내 영혼이 나에게 충고했네
보이지 않는 것을 찾아보라고
우리가 매달려 온 것은
우리가 갈망하는 것들이었음을
내 영혼은 보여주었네
예전에 나는, 겨울에는 따스함으로
여름에는 서늘한 미풍으로 만족했으나
이제 내 손가락들이 안개처럼 되어
붙잡았던 모든 것들을 떨어뜨려
보이지 않는 나의 갈망들을 뒤섞어 버리려하네

소화 테레사의 고통

아주 오래 전부터 고통은 이 세상에서
저의 천국이 되었습니다.
그래서 슬픔이 전혀 섞여 있지 않고
기쁨이 지배하는 나라에서
어떻게 제가 적응할 수 있을지 참으로 생각하기 어렵습니다.
예수님이 제 마음을 변화시켜주시고 기뻐할 수 있는
역량을 주셔야만 할 것입니다. 그렇지 않으면
저는 영원한 기쁨을 견디지 못할 것입니다.

저는 지상에서 행복과 기쁨을 얻었습니다.
그러나 그것은 오직 고통 안에서였습니다.
왜냐하면 저는 이 세상에서 숱한 괴로움을 겪었기 때문입니다.
이것을 영혼들에게 알려야만 할 것입니다.

오! 저를 위해 마음 아파하지 마십시오.
드디어 저는 다시는 고통을 겪을 수 없게 되었습니다.
왜냐하면 모든 괴로움은 제게 달콤하기 때문이지요.

기쁜 마음이라고는 하나도 빼놓지 않고 빼앗아 가는

이 시련을 당하지만, 그래도 이렇게 외칠 수 있습니다.
주여 당신께서 하시는 모든 것으로 제게 넘치는
기쁨을 주십니다.
결국 당신의 사랑을 위하여 괴로움을 받는 기쁨보다
더 큰 기쁨이 있겠습니까.

나의 기쁨은 고통을 사랑하는 것입니다.
나의 기쁨은 어둠 속에 머물러 있는 것이며
나를 감추는 것이고 나를 낮추는 것입니다.
나의 기쁨은 유일한 나의 사랑이신
예수님의 거룩한 뜻입니다.
나의 기쁨은 작은 채로 남아 있는 것입니다.

때때로 눈물을 흘릴지라도
나의 기쁨은 이 눈물을 잘 감추는 것입니다.
오! 꽃들로 고통을 가릴 줄 알 때
고통은 어쩌면 그렇게도 매력이 있는지요.

나의 기쁨은 내 마음이 유배되었을 때
생긋 웃는 마음을 보는 것입니다.

나는 고통을 겪는 것이 기쁩니다.
이 세상에서 유일한 나의 기쁨은

당신을 기쁘게 해 드릴 수 있는 것입니다.
죽음이나 삶이 나에게 무엇을 해주던가요?
예수여 나의 기쁨은 당신을 사랑하는 것입니다.

예수님이 위로 받으시도록
저는 정말로 말없이 고통을 받고 싶어요.

주님 당신을 닮고 싶어요.
고통을 저는 청합니다.
불꽃 같은 당신의 말씀이
제 마음을 태워 주시기를……

고통을 정말로 받아들인다는 것은 우리에게 고통에
가장 큰 은총을, 아니 오히려 사랑의 완전한 합일에
이루는 데에 더욱 심원한 정화의 은총을
가져다주는 것입니다.
아, 제가 이것을 깨달았을 때 모든 고통을
견딜 수 있는 힘을 받았습니다.

작은 꽃

작은 꽃은 약하고 어렸기에 그분은 그에게 몸을 굽혔습니다. 오랑캐꽃은 장미를 부러워하지 않으며 그에게 섭리된 그분의 계획과 뜻만이 그의 마음에 둘 뿐입니다.

〈주는 나를 상쾌하고 기름진 풀밭에서 쉬게 하시고 안온히 인도하십니다. 크고 잘난 자에게가 아닌 작은 자에게 그분의 자비는 넘치십니다……〉

작은 꽃은 늘 남에게서 불완전한 자, 못난이로 여겨졌으며 그 자신 하느님의 도우삼이 없었더라면 가장 큰 죄인일 수도 있었음을 인정합니다. 이렇듯 섬섬약질의 그는 어떻게 하느님의 무한하심을 입어 강한 자, 행복된 자, 주님께서 요구하시는 완전한 자가 될 수 있었을까요?

작은 꽃은 일찍부터 마음의 가난을 깨쳤습니다. 마음 깊은 곳에서 스스로의 비참, 무능을 뼈저리게 느낄 때 이 세상 아무 곳에서도 구원이 없음을 깨달을 때 그는 결코 잘난 자가 아니었습니다.

세상은 너무나 헛되며 주님의 마음에 들기 위해서 사람들 눈에 감추어진 큰 성녀가 되기를 원했던 그는 많은 숨은 희생과 극기의 꽃을 예수께 바쳤으며 이보다 더한 사랑은 예수께 바칠 수 있을까 의심할 정도였습니다. 아기 예수님은 그분의 손에 들린 작은 공을 마음대로 굴리셨습니다.

성모의 미소로 회복된 작은 꽃은 하느님의 영광과 죄인의 구원을 위하여 기쁘게, 복된 방주(가르멜)로 몸을 숨겼습니다.
그러나 수도생활 시초부터의 시련은 작은 꽃에게는 여전히 자기 경멸의 이슬이 필요함을 일깨워 주었고 남에게 기쁨을 주기 위해 자기를 잊어야 한다는 것을, 세상은 단 하루의 꿈과도 같기에 너무나 허무하며 사람들은 변하기를 잘 한다는 것을 깨우쳐 주었으며 그러기에 칭찬해 줄 때에나 비난할 때에나 도무지 인간의 역광을 구하지 않았습니다.

작은 꽃은 자기의 약함과 작음을 느낍니다.

무구보다 아름다운 정배가 되고자 허원의 드레스를 아름다운 진주로 꾸몄지만 결국 허원 전날에는 많은 내적 갈등을 느꼈으며 수도원을 나가려고까지 하지 않았었습니까?
그는 하늘까지 들어 올려 줄 승강기이신 주님의 팔에 작은 채로 있어야 함을, 그러면 주님은 그에게 겸손되고 아늑한 평화를 주시며 당신 자신으로 채워 주실 것임을 나중에야 알았습니다. 허원 후 마침내 주님의 눈에 인간의 업적과 공로는 아무것도 아님을 바오로 사도와 함께 작은 꽃은 공감하였으며 그의 인식은 개화되어 이후부터는 주님의 사랑과 자비의 길을 날아가게 되었습니다.

그는 더 이상 무능하지 않았으며 어두움 속에서 실망할 수도 없었습니다. 사마리아 우물가의 예수, 십자가에서 목마르신 예수는 다만 작은 꽃의 마음을 청하였던 것이었습니다.

작고 여린 그의 영혼은 주님의 사랑을 입어서만 그분의 마음에 드는 것 그분의 기쁨은 바로 작은 꽃의 마음인 것을 왜 진작 몰랐을까요.

작은 꽃은 평생을 두려움의 인간적인 길에서 얼마나 헤매었던지요! 밤새 그물질을 하였지만 무엇을 낚았는지요? 그분의 길과 우리의 길은 얼마나 다른지요!

작은 꽃에게 있어 거룩함이란 무엇일까요?

무한히 사랑하올 그의 형제 귀양살이 땅으로 날아 내려오시어 행복한 성삼의 영원한 도가니 속에서까지 끌어가시기 위해서 괴로움을 받으시고 죽으시기를 원하시던 분, 흰 제병 모양 아래 숨어서 아직도 눈물의 골짜기에 머물러 계시는 분 자신이 작은 꽃의 거룩함이십니다.

그분은 무한한 업적과 공로를 작은 꽃에게 베풀어 주셨기에 작은 꽃은 다만 그분의 거룩함과 의로움을 덧입기만을 바랍니다.

그분은 다만 사람이셨고 사랑을 이해 받기 원하셨습니다. 어두움으로부터 빛을 밝혀 주신 하느님께서 작은 꽃의 마음 속에 빛을 비추어 주셔서 그리스도의 얼굴에 빛나는 하느님의 영광을 깨달을 수 있게 해 주셨습니다.

사랑으로 숙여지신 예수의 모습 속에 한없이 무상으로 주시는 주님의 사랑을 알아볼 수 있었으며, 한없는 사랑의 태양이신 독수리께로 그는 눈길을 돌릴 수 있었습니다.

그의 천국은 더 이상 아기 예수의 미소가 아니었으며, 수난으로 숙여지고 가리워진 예수의 모습 속에 나타난 하느님의 사랑이었습니다.

이제 작은 꽃은 스스로를 비우기 시작합니다. 아무런 평가도 그의 평화를 어지럽히지 못합니다. 완전히 헐벗은 가난뱅이로 하느님께 의뢰할 뿐입니다.

현세의 모든 시련들 공동생활의 가시로 지르는 듯한 어려움들, 그 모든 것들은 오로지 사랑을 사랑으로 갚기 위해, 그분의 갈증을 풀어드리는 물일 뿐입니다. 약혼자인 그는 예수의 십자가의 낙인이 찍힌 자로서 그녀가 겪고 있는 고난은 극히 가벼운 것이며 한량없이 크고 영원한 영광을 그녀에게 가져다 줄 것임을 익히 알고 있습니다.

현세의 모든 사건들 안에서 항상 감사하며 만족합니다. 작은 꽃은 자신의 작음을 인정하며, 항상 내려오며, 끝자리에서 세리의 겸손된 기도를 뇌입니다.

사랑으로 행한 미소하고 감추인 행동은 위대한 업적보다 가치가 있음을 알기에 언제나 많이 사랑하기만을 노력합니다.

주님을 기쁘시게 해 드리고 영혼들을 구할 것만을 생각하는 그에게는 넘어지거나 승리하는 게 문제가 아니라 오직 주님의 눈길 안에서만 안식을 찾으며 언제나 기뻐합니다.

시련이 밤 동안 헐벗은 신앙으로 선하신 하느님께 봉사하는 것은 다만 현세에서 뿐입니다. 십자가 그늘 아래서 주의 눈물과 피를 단 이슬로 눈물에 덮인 공경하올 얼굴을 태양 삼아 캄캄한 폭풍우 속을 거니는 것은 그 정배에게 가난이 무엇인지를 가르쳐 줍니다.

죽음 같은 고뇌 속에 털끝만 한 위로도 없이 고움도 빛남도 없이 모든 피조물에게 잊혀진 채 "혼자서 확을 밟으며" 사랑님을 닮아갑니다.

캄캄한 폭풍우 가운데 지상은 시련만을 주지만 신앙의 어둠 속에 죽음 같은 고뇌 속에 있기를 원하는 것은 주님의 은총의 빛이 바로 거기 머물기 때문입니다.

주님의 수난으로 목을 축인 작은 꽃은 자신의 마음이 차츰 커 감을 느낍니다. 이기적이고 아무 이익이 없는 애정과는 비교가 안되리만큼 깊은 애정을 하느님께서 그에게 주신 것을 보고 행복해 합니다.

아낌없이 베풀며 주님을 기쁘게 해 드리기 위해 자신을 이웃에게 내어줍니다. 애덕으로 마음이 트인 뒤부터 희생 가운데 화목을 이루며 이웃과 교제합니다. 이웃의 영혼 안에 숨어 계신 예수, 가장 쓴 것을 달게 해 주시는 예수님은 그를 친절하고 기쁨이 깃들인 영적 잔치의 여주인이 되게 하십니다.

이제 작은 꽃은 비바람으로 억세어진 꽃과 같이 머리를 듭니다. 그의 영혼은 안팎 시련의 도가니 속에서 단련되었습니다. 싸움에 손가락을 익혀주시는 분 하느님이신 바위 위에서 그는 위대한 승리를 꿈꿉니다.

작은 꽃은 괴로움의 도가니를 거쳐 인도되었으며 귀중한 십자가로 영화롭게 된 자신의 육신 위에 수난의 상처가 벌써 빛나고 있음을 봅니다.

작은 꽃은 결코 체념하지 않습니다. 그는 그 안에서 하느님 때문에 행복해 합니다. 하느님만이 작은 꽃의 모든 것이며 그의 허무는 풍요로 바뀝니다.

주여!

작은 꽃은 일생 동안 고통 받고 낮춤을 당하며 자신의 업적이 아무런 열매 없이 땅에 떨어지는 것을 봅니다.

그의 무능을 받아 주소서. 힘없고 날개 없는 빈손의 그는 당신 의로움으로 꾸며지길 원합니다.

그는 가시 속에서도 노래를 부르며 장미를 딸 것입니다. 완전한 사랑 속에서 사는 사랑의 순교자의 희생은 무수한 영혼들을 구할 것이며 작은 꽃은 천상왕국의 〈여왕〉이 되어 죄인들을 사슬에서 풀어주며 배은망덕하는 백성들에게 용서를 얻어주고자 이미 이 지상에서부터 그분의 수난의 장미를 온 세상에 흩뜨리어 장미 꽃비를 내립니다.

하느님을 기쁘시게 해 드리기 위해 천만 번 목숨을 내놓으며 천대받는 그 사랑에 자신을 제물로 드려 무한한 애정이신 분의 짐을 풀어 드립니다.

작은 꽃의 구세주와 정배시여!

완전한 사랑 속에 작은 꽃이 살 수 있도록 매 순간 자비하신 사랑으로 그를 사르시어 빈손의 그를 의롭게 하소서 당신의 거룩하신 눈길과 인자하심 안에 사랑의 순교자는 자비하신 사랑 안에 끝없이 죽고 또한 쉼없이 거듭나게 하소서.
작은 꽃은 영원히 새롭게 피어나리이다.

누가 예언자인가?

- 요셉 빌(예수회 사제) -

미래를 아는 사람이 아니라 미래를 찾아 나가는 이

슬퍼하는 이들을 위로하는 이가 아니라 하느님의 계획이 이루어지지 않음을 탄식하는 이

복음을 전달받는 이들보다 뛰어나거나 많이 아는 이가 아니라 오히려 자신이 부족하게 알고 있음에도 불구하고 주님의 도구가 되어야 한다는 사실에 놀라는 이

탄생이나 좋은 교육 등의 비범한 배경으로 자신을 내세우는 이가 아니라 지금까지의 삶에서 벗어나 모든 것에서 봉사하는 새로운 자유에로의 삶으로 불려 나간 이

이상향으로 도피하는 이가 아니라 이상의 세계에 의해 꾸준히 현실을 직시하고 사는 이

존재가 꽉 막힌 이가 아니라 하느님의 절대적인 개방성의 옷을 입어 이해의 폭이 넓은 이

자신을 위해 사는 사람이 아니라 이웃을 위한 봉사의 삶에서 자신의 삶의 의미를 발견하는 이

예언자. 그는 모든 것을 결정하는 분에 관해 말하기 위해 자신의 말을 하지 않는 이

예언자. 그는 하느님 때문에 고통을 당하는 이 왜냐하면 하느님이 그를 사랑하기 때문.

기도 모음

위탁의 기도
- 예수의 샤르드 후꼬 형제 -

아버지!

이 몸을 당신께 바치오니, 좋으실 대로 하십시오.

저를 어떻게 하시든지 감사 드릴 뿐 저는 무엇이나 준비되어 있고, 무엇이나 받아들이겠습니다.

아버지의 뜻이 저와 모든 피조물에 이루어진다면 이밖에 다른 것은 아무 것도 바라지 않습니다.

내 영혼을 당신의 손에 도로 드립니다. 당신을 사랑하옵기에 이 마음이 사랑을 다하여 하느님께 영혼을 바치옵니다.

당신은 나의 아버지시기에 끊임없이 믿으며 남김 없이 이 몸을 드리고 당신 손에 맡기는 것이 어쩔 수 없는 저의 사랑입니다.

아우구스티누스 성인의 기도문

온 세상의 조물주이신 하느님.
주께 올바로 기도할 힘을 주십시오.
주께서 나의 기도를 들어주시기에 내가 합당한
사람이 되게 하여 주십시오.

스스로는 있지 못할 것이 모두 주를 통하여 존재를 지향하고
있습니다.
하느님! 주께서는 사물이 멸망하는 것을 허락치 않으시며
서로 멸망시킬 수 있는 것들마저도
그것이 소멸됨을 허락치 않으시나이다.

하느님! 주께서는 이 세상을 무에서 창조하셨나이다.
하느님! 만인의 눈에 그리도 아름다운 저 세상을 주께서는
악을 만들지 않으시고 최악이 발생치 않도록
악을 허용하셨을 뿐입니다.
참으로 존재하는 것에로 몸담는 소수의 인간들에게만
주께서는 악이 곧 허무라는 것을 보여주시나이다. 하느님!

하느님! 삼라만상이 주를 통하여 완전하며
비록 악이 있음에도 불구하고 완전한 것이 되나이다.

하느님! 주께로부터는 어떠한 불협화음이나 예외가 없으니
주를 통하면 가장 낮은 것도 가장 훌륭한 것과
통하게 되는 연고입니다.
하느님! 사랑할 줄 아는 사물에게는 의식 중에든
무의식 중에든 항상 사랑을 받으시나이다.

하느님! 만유가 주안에 있으나 삼라만상의 추루함도
주안에서는 더럽지 않고 해악도 해롭지 않으며
오류도 그르치지 않나이다.

하느님! 마음이 깨끗한 사람들만이
진리를 깨닫기 바라시었나이다.
하느님! 진리의 아버지, 지혜의 아버지,
참답고 가장 고귀한 생명의 아버지,
행복의 아버지, 선함과 아름다움의 아버지,
가지적(可知的)인 아버지,
감성과 조명의 아버지,

우리에게 담보를 주시어 그것으로 우리가 주께 돌아가도록
떠미시는 아버지 하느님!
오! 진리이신 하느님, 주를 부르나이다.
참된 모든 것이 주안에서, 주로 말미암아,
주를 통하여 참되나이다.

지혜이신 하느님, 지혜로운 모든 이가 주안에서,
주로 말미암아, 주를 통하여 지혜롭나이다.
참답고 가장 고귀한 생명이신 하느님,
참으로 고귀하게 사는 모든 것이 주안에서, 주로 말미암아
주를 통하여 행복하나이다.

선함과 아름다움이신 하느님, 선하고 아름다운 모든 것이
오로지 주안에서, 주로 말미암아, 주를 통하여
선하고 아름답나이다.
가지적(可知的)인 빛이신 하느님, 가지적으로 빛나는
모든 것이 주안에서, 주로 말미암아, 주를 통하여,
빛을 발하나이다.

온 세상이 주의 왕국이신 하느님,
그 나라는 우리 감각에는 감추어져 있나이다.

하느님, 주의 나라로 인하여 우리들의 나라에도
법이 세워져 있나이다.
하느님, 주께로부터 나감은 멸망함이요.
주께 돌아감은 되살아남이며, 주안에 거함이 삶이나이다.

하느님! 주께로부터 멀어져 감은 곧 넘어짐이요.
주께로 돌아섬은 곧 일어남이요

주안에 머무름이 곧 존속함이나이다.
하느님! 속아서가 아니면 아무도 주를 버리지 않으며
주께 불리지 못하면 아무도 주를 찾지 못하며
정화시켜 주시지 않으면 아무도 주를 찾아내지 못하나이다.
하느님! 주를 저버림은 멸망함이요
주의 말씀에 귀를 기울임은 사랑함이며
주를 뵈옴은 주를 향유함이나이다.

하느님, 믿음이 우리를 주께로 떠밀고
희망이 우리를 주께로 부축하며
사랑이 우리를 주께로 결합시키나이다.

하느님, 주를 통하여 우리는 원수를 이기나이다.
맹세코 그러하나이다.
하느님 멸망하지 않으려고 우리가 주를 붙들었나이다.
하느님, 깨어 경계하라고 주께서 타이르시나이다.
하느님, 주를 통하여 우리는 선을 악에서 구분하여
악을 피하고 선을 붙쫓나이다.

하느님, 주의 은혜로 우리가 역경에 굴하지 않나이다.
하느님, 주의 은혜로 착하게 섬기고 착하게 다스림 받나이다.
하느님, 주로 말미암아 우리는,
한때 우리 것이 남의 것이 되고 한때 남의 것이었던 것이 우리 것이 되어 있음을 분별하나이다.
하느님, 주의 은혜로 우리가 악인들의
낚싯밥과 꾐에 걸리지 않나이다.
하느님, 주의 은혜로 우리가 하찮은 일로
하찮아지는 일이 없나이다.

성녀 에딧트 슈타인의 기도

인생의 중반을 넘어선 다 큰 사람이
다시 태어난다는 것이 가능한지요, 주님?
당신은 그렇게 말씀하셨고, 제게 실현시켜 놓으셨습니다.
죄와 고통의 긴 싸움은 사라졌습니다.
충심으로 하얀 망토를 받아 입습니다.
두 어깨에 드리워진 순수함의 눈부신 상징!
손에 촛불을 듭니다.
타오르는 불꽃은 당신의 거룩한 생애가
제 안에서 타고 있음을 알려줍니다.
제 가슴은 이제 당신을 기다리는
하나의 구유가 되었습니다.
오래 걸리지 않았습니다.
당신의 어머니이시고 제 어머니이시기도 하신 마리아께서
제게 당신의 이름을 주셨습니다.
한밤중에 이제 막 태어나신 그분의 아기를
제 가슴에 껴안습니다.
아, 그 누구도 당신을 사랑하는 사람들을 위해
당신이 마련해 놓으신 것을 이해할 수 없으리!
이제 당신을 꼭 붙잡고 다시는 놓지 않겠습니다.
제 인생이 어디에서 엮어지든 당신은 바로 제 곁에 계십니다.
그 무엇도 당신의 사랑으로부터 저를 떼어놓지 못할 것입니다.

성령이여!

내 영혼에 생기를 불어 넣어주시는 성령이여
나 당신을 흠숭합니다.

지혜의 성령이여
천상적인 것에 맛들일 수 있는 능력을 주십시오
통달의 성령이여
나의 신앙을 더 맑게 해 주십시오
지식의 성령이여
피조물을 통해서 당신께 도달할 수 있음을 알게 해 주십시오
의견의 성령이여
나의 모든 행위를 인도해 주십시오
효경의 성령이여
하느님께 대한 참된 자녀의 사랑을 내 마음에 넣어 주십시오
굳셈의 성령이여
하느님께 대한 충실한 종의 용기를 주십시오
두려움의 성령이여
항상 주님께 깊은 공경을 드리는 자가 되게 해 주십시오

위로자이신 성령이여
당신의 기쁨으로 내 마음을 가득 채워 주십시오.
아멘.

사랑과 지혜가 있는 곳에
두려움도 무지도 없습니다.
인내와 겸손이 있는 곳에
분노도 흥분도 없습니다.
기쁨과 더불어 가난이 있는 곳에
탐욕도 욕심도 없습니다.
고요와 묵상이 있는 곳에
불안도 근심도 없습니다.

십자가의 길

영원하신 아버지.
당신의 아들 예수 그리스도께서 그의 수난 중에
흘리신 거룩한 피를 받으소서
그의 상처들, 가시관으로 뚫어진 그의 머리
그의 마음, 그의 모든 공로로 영혼들을 용서하시고 구하소서.

오 나의 구세주여, 당신께서 영혼들로부터 받으신 모욕들을
씻어내기 위하여, 나는 흠숭과 지극한 사랑으로
당신의 거룩한 피를 경배합니다.

나의 예수여, 당신 수난의 공로와 거룩하신 상처로
용서와 자비를 베푸소서.

오 그리스도여, 당신께서 거룩한 십자가로
세상을 구속하셨기에
우리는 당신을 열렬히 사랑하고 찬미합니다.

고통의 어머니이신 마리아여, 우리 마음 속에 구세주
그리스도의 상처를 깊이 새겨 주소서.

제1처
예수 사형 선고 받으심

네가 나의 상처들을 바라볼 때 너는 나를 쉬게 한다.
나와 함께 길을 걷는 것이
너를 귀찮게 하는 것이 아니라고 말해다오
네가 나를 위해 기쁨으로 하는 것은
더욱 더 내 마음에 든다.

수난의 모든 구절마다 나의 마음을 응시한다.
나의 사랑을 알아다오.
내 눈을 보아라
너는 거기에서 극도의 잔인함 가운데서도
지극한 온유와 사랑을 볼 것이다.
각처마다 세상의 구원을 위해 내가 쏟은 피를
아버지께 바쳐라.

아버지의 영광을 위해 골고타 언덕으로 올라가면서
나를 따르던 사람들을 위해 기도했던 것을 기억하자.

나를 따르라.
너희들을 구하기 위해 고통 당할 그만큼의
사랑과 기쁨을 너는 전혀 찾아볼 수 없을 것이다.
죽기까지 나는 내 사람들을 살게 했다.

제2처
예수 십자가를 지심

사람들이 내게 십자가를 지워 주었을 때
나는 얼마나 커다란 내적 기쁨으로 나의 십자가를
끌어 안았던가!

아주 오래 전부터 나는 너희들 때문에 그리고 아버지께
순명하기 위해 십자가를 원했었다.
십자가는 너희의 구원이었다.

세상을 구원하는 것. 그것이 나에게 어떤 것이었는지
너는 아느냐?
나의 십자가를 짐으로써,
나는 너희에게 한 어머니처럼 구원을 가져다주었다.

내가 나의 십자가를 받은 것처럼 매일 십자가를 받아라.
단순히 지는 것이 아니라 그것을 붙잡을 필요가 있다.
나의 십자가. 그렇다 네가 십자가를 만날 때
그러므로 우리를 함께 받아다오.
우리의 십자가를 우리 둘이 같이 지자꾸나.

나의 상처들을 잘 보아라.
그것은 너희를 위한 것이다.
기워 갚기 위해 나의 상처들을 아버지께 바쳐라
왜냐하면 너희들은 기워 갚을 권한이 있기 때문이다.

제3처
예수 처음으로 넘어지심

사람들이 나를 골고다의 길로 밀어낸다.
나는 몹시 피로하고
나의 몸은 그야말로 부서지고 힘이 없어
나는 땅에 떨어져 땀과 피로 물들었다.

너무나 무거운 십자가는 그 무게로 나를 짓누르면서
내 위에 다시 떨어진다.

길바닥의 돌들은 내 얼굴을 멍들게 한다.

내 눈을 어둡게 하고 피부에 붙으려고
모래와 먼지가 내 피에 섞인다.
나는 땅 위에서 가장 비참한 자이다.

만약 십자가의 무게가 나를 쓰러지게 한다면
영혼 구원의 열정이 나를 다시 일으키고
나의 길을 끝까지 가도록 용기를 줄 것이다.

각 고통의 끝까지 따라오면서 나를 보아라
너를 아끼지 말아라
내가 겪은 고통은 그 어느 것도 잃어서는 안된다.
그것을 거두어들여 아버지께 바쳐라.

제4처
예수 어머니 마리아와 만나심

나를 돕겠다는 강한 원의로
나를 향해 뛰어 오시는 어머니를 생각해 보라.

그분은 그럴 수 있었다.

그러나 이 행동과 그 마음의 원의는
나를 크게 위로했다.
그러므로 너희들도 자주 이렇게 하여라.

나를 향해 뛰어 오너라.
그러면 조금 후에 너희들은
너희들이 나에게 줄 기쁨들을 보게 될 것이다.

나를 끌어 안으시면서 어머니께서는 그 아들의
끔찍한 죽음에 동참할 힘을 받으셨다.

그분은 나의 피로 얼룩졌다.
죄인들의 회개를 위해 이 핏방울들을
보내 달라고 그분께 청하여라.

한 영혼의 값은 비싸다. 시련과 희생들이 필요하다.
영혼들을 위해 고통을 겪어라.
아버지의 마음에 더욱 들기 위해 너희의 고통들과
나의 고통들을 한데 묶자꾸나.
내가 몸으로 겪는 수난과 죽음을 어머니께서는
마음으로 모두 겪으신다.

제5처
키레레 사람 시몬이 예수를 도와 십자가를 짐

어머니를 만나고 나자마자 한 도움의 손길이 내게 왔다.
케레네 사람 시몬.
– 너의 이웃인 죄인들을 걱정하라.
네가 죄인들을 위해 기도할 때 그것은 마치 나를 돕기 위해
손을 내미는 것과 같을 것이다.
네가 이웃을 도울 때 네가 도와 준 것은 나이다.
너의 짐이 너무 무겁거든 더더욱 다른 사람들의
짐들을 져주어라.
그러면 너는 십자가의 길에서 나의 십자가를
조금 가볍게 해 주는 것이다.

– 최선을 다하려고 애쓸 때 너는 나를 돕는다.
인류 구원을 위해 애를 쓴 적이 있느냐?

어떤 영혼들은 그들의 피로도 고통도 생각지 않는다.
그들은 오로지 단 하나의 원의만을 갖고 있을 뿐이다.

즉 나에게 그들의 사랑을 보이고 나의 마음을
위로하는 것.
정말로 나의 십자가를 지고
내 마음을 쉬게 하는 것은 바로 그 영혼들이다.

제6처
베로니카, 예수의 얼굴을 닦아 드림

얼마나 베로니카의 사랑은 인간적 심중에
매어 있지 않는지 보아라

고통스런 나의 얼굴을 응시해 다오.
그것은 마치 베로니카의 부드러운 수건과 같을 것이다.
그녀는 그것을 내게 내밀었고
나는 한 손으로 얼굴에 갖다 대면서
내 흔적을 남겨 주었다.

- 격분하는 노예들에 의해 구타당한
불쌍한 인간의 모습을 바라보아라
눈물과 피로 가득한 내 눈을 바라보라
그리고 기억하라. 내가 네 하느님인 것을

내 얼굴을 잘 보아라
내가 사람들을 구원할 때마다 생명을 주고 싶어하는 얼굴
너희들은 사랑을 표현할 수 있는 것이라고 상상한다.

- 내가 너희들은 섬기려고 벌어들인 이 상처들을 응시하라
그리고 사랑하라

잘 벌었다고 나는 말한다.
왜냐하면 이것은 너희들을 위한 내 마음의 승리이기 때문이
다.
만약 너희들이 내가 바라는대로 만유 위에 나를
사랑하기를 시작할 수 없다면 먼저 보아라.
네가 나를 위로할 때 나는 네 영혼에 나의 얼굴을 새겨주겠다.

제7처
예수 두 번째 넘어지심

그리스도는 모든 인간의 죄를 짊어졌다.
그와 결합하라.
용기를 가져라! 골고타로 올라가기 위해 내게 그것이
필요했던 것이 아니겠느냐?
나만큼이나 사랑할 수 있는 사람이 있거든 찾아 보라.

현세대의 그리스도인들, 고통받는 사람들, 압제자들
버림받은 이들, 추방당한 이들, 내 이름으로 박해받는 이들,
쓰러져 가는 육체 속에서 나를 끊임없이 찬미하고
그들의 사랑으로 나를 부르는 이들을 자주 생각하라.

그들을 위해 기도하라.
아버지께 나의 공로를 바쳐라!
그것들은 너희의 것이다!
나는 나의 공로들을 고통으로 사들였다.
나는 너희들을 위해 모든 것을 받을 자격이 있다.
가져라! 너희들의 것이다.

너는 기도의 힘을 모른다! 그것은 마치
나를 돕기 위해 오는 강한 팔과 같을 것이다.

왜냐하면 나는 사람들이
나를 돕는 것을 허락하기 때문이다.

제8처
예수 예루살렘 부인들을 위로하심

나를 위해 울지 말고 죄에 대해 울어라.
그러므로 나는 나를 둘러싸고 있는
내가 그토록 구원하고 싶어했던
사형 집행인들을 위해 말해 왔었다.

나는 너희들이 나를 위해 고통 당하는 것을 볼 때
그것은 마치 너희들의 고통이 내 것을 초월하는 듯하고
내 마음이 한없이 부여하고 싶어하는
가치를 지니고 있는 듯하며 지극한 사랑으로
너희의 고통을 거두어들인다.

그 고통들이 부족하게 나를 내버려두지 말아다오
그것들은 죄인들을 도와준다.
나를 사랑하는 영혼들은

나의 자비를 끌어내고 세상을 구원한다.

그토록 많은 죄를 기워 갚기 위해
네 마음을 위로하려는 원의로 불타오르거라.
아버지께 내 공로들을 바쳐라.

마치 그것들이 너희의 것인 것처럼
그렇게 하는 이들이 얼마나 적은가!

내 공로 모두가 너희의 처분에 달려 있다.

제9처
예수 세 번째 넘어지심

쓰러지더라도 앞으로 나아가는 방법들은 있는 것이다.
넘어지게 되더라도 소리치며 두려워하지 말고
오히려 이러한 외침이 너의 구세주께 이르도록 하라

나를 보아라
나는 고통의 끝까지 가 있었다.
너희들이 고통을 겪는 도중에 나를 만날 수 있게 하려고
나는 모든 것을 겪기를 원했다.
나는 언제나 너희의 구세주인 나와 함께
고통을 버티는 힘과 기쁨을 가져다주기 위해
너희들 앞에 온다.

네 고통과 희생의 끝까지 기꺼이 가거라.
임의로 멈추지 말아라.

나는 사랑했고, 구원했다.
구세주인 나의 명예를 사랑하고 구해다오.
기도들, 보속들, 그것은 영혼들을 사들이고
구속하는 동전이다.
나는 다른 기도들을 너희의 기도와 희생에
결합시킨다.
그로써 한 영혼이 구원을 받는다.

제10처
예수 옷 벗김을 당하심

나의 상처들을 바라보기를 두려워 말라!
그것들은 너희의 것이다.
너희들을 섬기려고 내가 겪었던 것들이 아니냐?

너를 구해 준 은인들처럼 내 상처들에게 경의를 표할 필요가 있다.
나의 열린 상처들 앞에서 너의 마음은 닫힌 채 있을 수 있겠느냐?
어떻게 너는 나에게 희생 바치기를 주저할 수 있겠느냐?

나의 피는 시내 되어 내 몸 전체로 흐르고 있다.
나는 피가 마르도록 내 혈관들을 내버려둔다.

알려진, 그리고 알려지지 않은 내 고통들 속으로
들어갈 필요가 있다.
너희들을 위한 사랑으로 살아있는 괴로움이
되어버린 내가 아니더냐?

왜 사람들은 나의 사랑을 믿으려 하지 않는가?
나는 오로지 영혼들에 대한 사랑으로 살았었고 죽었었다.
아! 영혼들!
네가 영혼들을 위해 기도할 때
너는 나를 아주 기쁘게 해 준다.

제11처
예수 십자가에 못 박히심

만약 내가 아버지의 영광을 열렬히 바라고
너희 구원에 대한 목마름을 자발적으로 갖지 않았다면
내가 어떻게 내 앞에서 행해졌던 죽음의 준비들을
견딜 용기가 있었겠느냐?

나는 모두에게 하늘을 열어 주었다!
그러나 너희들 각자는 자유이다.
나의 형제들이여 사람들의 구원을 완성시키는 것은
바로 너희들이다. 내게 그것을 청하면서, 그리고 그들을 위해
고통을 겪으면서.

내 안에 있는 무엇이 너희들을 두렵게 만드느냐?
손발들이 못에 박히도록 넘겨주면서 땅에
누워 있는 한 남자가 무섭다는 말이냐?

나는 지나칠 정도로 너희들 모두와 그 하나 하나를 사랑했다.
그러므로 결코 나에 대해 의심을 품지 말라.
그만큼 고통을 겪었는데 무엇을 거부하겠느냐?

네가 나를 아버지께 바칠 때마다 그리고
너의 영혼이 나의 고통스러운 사랑과 결합될 때마다
세상 구원 넓어진다.
왜냐하면 네가 나의 기도를 완성했기 때문이다.

제12처
예수 십자가에서 돌아가심

죽어 가는 나를 극진히 사랑해다오……
나는 죄인들을 위해 죽었다.
나는 너를 위해 한창 젊은 나이에 구타당한 끝에 죽었다.
나는 내 모든 피가 방울방울 마지막까지 흘러가게 두었다.

너희들에게 생명을 보다 더 잘 주기 위해 나는 죽었다.

네가 나에게 네 자신을 피범벅으로 바칠 때
하늘과 땅에서는 어떤 일이 생긴다!
그것을 믿지 못하겠느냐?
나의 괴로움들은 무엇에 소용이 있겠느냐?
너는 아버지의 선하심으로 무엇을 하느냐?

나의 외침을 기억해다오
나는 너희에게 마지막으로 나의 사랑을 외쳤다.
그때는 끔찍스러운 고통들 속에서
내 심장의 마지막 고동이었다.
내 사랑은 결코 죽지 않는다.
언제나 나는 너희를 사랑했다.
너의 생명이 멈출 때 그것이 사랑의 외침 속에서이기를.

언제나 보고 계시는 아버지 앞에서 나는 늘 십자가에
못 박혀 있다. 나는 항상 세상의 죄들을 없애는
하느님의 어린양이다.

제13처
예수를 십자가에서 내리심

나의 어머니 팔과 무릎 위에 있는 내 가련한 몸을
너희가 보았더라면!
그는 모든 아름다움을 잃어 버렸었다.
너희 죄들을 위해 그는 죽기까지 상처를 입었었다.
그는 땅에 깊게 늘어져 있었다.
나의 지체들은 형체가 없을 정도로 처참했고
나의 시력은 꺼졌었다.
더 이상 나의 얼굴이 아니었다.
나의 어머니는 그 얼굴을 극진히 사랑하고, 입 맞추고
내 얼굴과 내 지체들 위로 눈물을 떨어뜨렸다.
그분은 거의 시간이 없었지만 그러나 얼마나 완벽하게
각 상처를 아물게 하고 그리고 그 얼마만한 사랑으로!
너 역시도 나의 거룩한 어머니 손에 너를 맡기고
너의 상처들을 싸매 주시게 하여라.

마리아와 함께 내 상처들을 경배하고 입 맞춰라!
내 얼굴 위로 눈물이 흐르게 하고
또한 너희들의 어머니이신 나의 어머니께
위로의 말씀을 드려라

나는 영원히 너희 구원을 위한 목마름으로 죽어간다.
너 나의 갈증을 풀어다오
다른 이들을 위해 나를 사랑해다오.

제14처
예수 무덤에 묻히심

피조물을 위한 창조주의 죽음을
너는 감히 상상할 수 있겠느냐?

그것도 이와 같은 죽음을?
용기를 가져라!
또 다시 새롭게 용기 갖기를 즐겨하라!

나의 수난을 자주 생각해다오.
너희 하느님의 사랑을 너희들은 이해하느냐?
수난과 구속을 너희들이 어떻게 알고 있는지간에
그토록 열렬히 그것을 원했던
내 마음의 정감은 너희들을 해방시킨다
이전에는 사랑을 위해 고통 당하는 것이 어려웠었다.
그러나 지금은 너희에게 그 길을 보여 주었으니
너희들이 고통의 순간에 나와 결합하는 것이
달콤하지 않겠느냐?

그 많은 고통 후에 가장 지독한 것은 냉정하고
무관심한 수많은 마음들로부터 무시당하고 잊혀지는 것이다.
그들을 위해 나에게 간절히 기도하여라

수난 이전에도 나는 고통을 당한다는 것이
어떤 것인지 알았었다.
나는 너희들을 위한 사랑으로
나의 수난을 사랑했었다.
나를 봐서 그 수난을 사랑하여라.
나의 가시관을 흠숭하라.
내 가시관이 머리에는 너무나 끔찍스러웠으나
나의 사랑을 위해서는 너무도 달콤한 것이었다.

가시로부터 흐르는 피를 받아
그것으로 세상을 씻어다오.

이 핏방울들을 죄인들을 위해 아버지께 바쳐다오.

매일 매일의 가시들을 나에 대한 사랑으로
참아 견디어라.
마치 내게 가시들이 위로였던 것처럼 너에게도.

"하느님 마음에 참으로 드는 기도란 피로 물든 거룩한 아들을
영원하신 아버지께 마치기를 성모님께 간구하는 것이다. 하나의
은총을 얻을 때마다 나는 이런 식으로 그것을 간구하였었다."
　　　　　　　－ 아르스의 성인 비안네 신부님 －

수련소 기도문

가르멜 수도원

성 토마스의 성체 찬미가

엎디어 절하나이다.
눈으로 보아 알 수 없는 하느님,
두 가지 형상 안에 분명히 계시오나
우러러 뵈올수록 전혀 알길 없삽기에
제 마음은 오직 믿을 뿐이옵니다.
보고 맛보고 만져봐도 알 길 없고
다만 들음으로써 믿음 든든해지오니
믿나이다. 천주 성자 말씀하심 모든 것을,
주님의 말씀보다 더 참된 진리 없나이다.
십자가 위에서는 신성을 감추시고
여기서는 인성마저 아니 보이시나
저는 신성, 인성을 둘 다 믿어 고백하며
뉘우치던 저 강도의 기도 올리나이다.
토마스처럼 그 상처를 보지는 못하여도
저의 하느님이심을 믿어 의심 않사오니
언제나 주님을 더욱 더 믿고
바라고 사랑하게 하소서.
주님의 죽음을 기념하는 성사여.
사람에게 생명 주는 살아 있는 빵이여,
제 영혼 당신으로 살아가고

언제나 그 단맛을 느끼게 하소서.
사랑 깊은 펠리칸, 주 예수님.
더러운 저, 당신 피로 씻어주소서.
그 한 방울만으로도 온 세상을
모든 죄악에서 구해 내시리이다.
예수님, 지금은 가려져 계시오나
이렇듯 애타게 간구하오니
언젠가 드러내실 주님 얼굴 마주 뵙고
주님 영광 바라보며 기뻐하게 하소서.
아멘.

성 암브로시오의 사은 찬미가

찬미하나이다. 주 하느님
주님을 찬미하나이다.
영원하신 아버지를
온 세상이 삼가 받들어 모시나이다.
하늘의 모든 천사, 케루빔과 세라핌이
끊임없이 소리 높여 노래 부르오니
거룩하시도다!
거룩하시도다!
거룩하시도다!
온 누리의 주 하느님!
엄위하신 주님의 영광
하늘과 땅에 가득하도다.
영광에 빛나는 사도들의 대열
무수한 예언자들의 대열
눈부신 순교자들의 무리
아버지를 높이 기려 받드나이다.
땅에서는 어디서나 거룩한 교회가
그지없이 엄위하신 아버지
친아드님, 받들어 모셔야 할 외아드님
위로자 성령을 찬미하나이다.
영광의 임금이신 그리스도님,

아버지의 영원하신 아드님,
사람을 구원하시려 몸소 사람이 되시고자
동정녀의 품을 마다하지 않으셨나이다.
죽음의 가시를 쳐버리시고
믿는 이들에게 천국을 열어주셨나이다.
지금은 하느님의 오른편, 아버지의 영광 안에 계시며
심판하러 오시리라 믿나이다.
보배로운 피로써 구속받은 당신 종들
저희를 구하시기 비옵나니
저희도 성인들과 함께
영원토록 영광을 누리게 하소서.
(다음 부분은 생략할 수 있다.)
주님, 주님의 백성을 구원하시고
주님께서 차지하신 백성에게 강복하소서.
당신 백성 주님께서 다스리시고
영원토록 이끌어주소서.
나날이 주님을 기리는 저희가
영원히 주님 이름 기리오리다.
주님, 저희를 어여삐 여기시어
오늘 죄를 짓지 않게 지켜주소서.
저희에게 자비를 베푸소서.
주님, 저희에게 자비를 베푸시어
주님께 바라는 영생을 얻게 하소서.
주님, 저희가 주님께 바라오니
부끄럼이 없으리이다. 영원히.

예수 성심께 바치는 봉헌 기도

지극히 어지신 구세주 예수님.
주님 앞에 꿇어
주님의 성심께 저희 성당(병원, 학교………)을 봉헌하나이다.
주님께서는 언제나
저희 성당(병원, 학교………)을 보살펴 주소서.
저희는 온전히 성심께 의지하고 바라오니
저희 생각과 말과 행위를
주님의 거룩하신 뜻대로 다스리소서.
예수님, 저희가 하는 일에 강복하시어
기쁠 때나 슬플 때나 저희와 함께 계시는
주님의 사랑을 깊이 깨달아
언제나 주님을 사랑하며 섬기게 하소서.
온 세상 어디서나 모든 이가
입을 모아 예수 성심을 찬미하며
사랑과 영광을 드리게 하소서.
아멘.

예수 성심이여.
이 세상에 주의 나라를 세우소서. (세 번)

성모 성심께 바치는 봉헌 기도

어지신 어머니, 든든한 힘이신 동정녀.
하늘의 모후요 죄인의 피신처이신 성모님.
티없이 깨끗하신 성모 성심께
저희를 봉헌하나이다.
저희 자신과 가진 것을 모두 바치며
온전한 사랑으로
저희 가정과 조국을 성심께 봉헌하나이다.
저희 몸과 마음을 바치오니
저희 안에 있는 것, 저희 주위에 있는 것
모두 성모님의 것이 되게 하시고
저희에게는 오로지
성모님 사랑의 한 몫을 나누어주소서.
성모님.
이 봉헌대로 살고자
저희는 세례 때와 첫 영성체 때에 한 서약을
오늘 다시 새롭게 하나이다.
저희는 신앙의 진리를 언제나 용감히 고백하며
교황과 그와 결합되어 있는 주교들에게
온전히 순종하며
하느님의 계명과 교회의 법규를 충실히 지키며

특별히 주일을 거룩히 지내고
열심히 살아가며
자주 영성체할 것을 약속하나이다.
하느님의 영광 지극하신 어머니.
인류의 어지신 어머니.
온 마음을 바쳐 어머니를 공경하며
하늘에서와 같이 땅에서도
저희와 모든 사람의 마음과
저희 조국과 온 세계에
티없이 깨끗하신 성심의 나라를
하루바삐 세우도록
충실히 노력할 것을 약속하나이다.
아멘.

사제를 위한 기도 · 1

영원한 사제이신 예수님.
주님을 본받으려는 사제들을 지켜주시어
어느 누구도 그들을 해치지 못하게 하소서.
주님의 영광스러운 사제직에 올라
날마다 주님의 성체와 성혈을 이루는 사제들을
언제나 깨끗하고 거룩하게 지켜주소서.
주님의 뜨거운 사랑으로
사제들을 세속에 물들지 않도록 지켜주소서.
사제들이 하는 모든 일에 강복하시어
은총의 풍부한 열매를 맺게 하시고
저희로 말미암아
세상에서는 그들이 더 없는 기쁨과 위안을 얻고
천국에서는 찬란히 빛나는
영광을 누리게 하소서.
아멘.

사제를 위한 기도 · 2

지극히 사랑하올 예수님.
주님을 충실히 따르고 사랑하는
사제들을 굽어살피시고
그들의 마음을 성령으로 가득 채우시어
이 세상의 빛과 소금이 되게 하소서.
사제들이 주님의 사랑을 깨닫고 증언하게 하소서.
사제들이 주님의 믿음을 따르고 지켜가게 하소서.
사제들이 주님의 봉사를 본받고 실천하게 하소서.
사제들이 주님의 가난을 받아들여 자유롭게 하소서.
사제들이 주님의 겸손을 배워 스스로 낮추게 하소서.
사제들이 언제 어디서나 주님만을 바라고 의지하여
하느님 백성의 길잡이가 되고
일치의 중심이 되게 하소서.
사제들이 모범이 되어
성실한 젊은이들이
주님의 부르심을 깨닫고 기꺼이 응답하게 하소서.
아멘.

가정을 위한 기도 · 1

마리아와 요셉에게 순종하시며
가정생활을 거룩하게 하신 예수님.
저희 가정을 거룩하게 하시고
저희가 성가정을 본받아
주님의 뜻을 따라 살게 하소서.
가정생활의 자랑이며 모범이신
성모 마리아와 성 요셉,
저희 집안을 위하여 빌어주시어
모든 가족이 건강하고 행복하게 하시며
언제나 주님을 섬기고 이웃을 사랑하며 살다가
주님의 은총으로 영원한 천상 가정에 들게 하소서.
아멘.

가정을 위한 기도 · 2

사랑이요 생명이신 하느님 아버지.
세상의 모든 가정은 당신의 성삼에서 비롯되었나이다.
여인에게서 태어나신 성자 예수 그리스도를 통하여
거룩한 사랑의 샘이신 성령의 도움으로
모든 가정이
생명과 사랑의 보금자리가 되게 하소서.
부부들의 생각과 행위를 당신의 은총으로 이끄시어
모든 가정의 선익에 이바지하게 하소서.
자녀들은 가정에서 자신들의 존엄성을 깨닫고
진리와 사랑으로 성숙하게 하소서.
저희 가정이 겪는 모든 어려움을
혼인성사의 은총으로 극복하게 하소서.
나자렛 성가정의 전구를 통하여 가정이 성화되고
가정을 통하여 세상이 성화되게 하소서.
길이요 진리요 생명이신
우리 주 그리스도를 통하여 비나이다.
아멘.

성녀 소화 테레사께 드리는 기도

아기 예수의 성녀 테레사여, 당신은 온 세상 가톨릭 전교회의 수호자 되시는 영예를 받으셨나이다. 세상에 계실 때에 "모든 나라에 예수 그리스도의 십자가를 세우고, 세상 끝까지 복음을 전하리라"하신 당신의 뜨거운 소망을 기억하소서. 이제 우리의 간청을 들으시어, 일찍이 약속하신 대로 모든 사제와 선교사들을 도우시며, 온 교회를 도우소서.

＋ 모든 전교회의 수호자이신 아기 예수의 성녀 테레사여
－ 우리를 위하여 빌으소서.

복되신 천주 성삼이여

우리는 당신을 사랑하고, 사람들로 하여금 당신을 사랑하게 하고, 사제들을 돕고 영혼들을 구하며 연옥 영혼들을 건져냄으로써, 성교회의 유익을 위하여 일하게 하소서.

우리는 오로지 당신의 뜻을 채워드려, 우리를 위해 영원으로부터 준비하신 천국의 그곳에 이르게 하소서. 그러나 우리 힘이 없음을 깨달으오니

하느님!

당신이 우리의 성덕이 되어 주소서. 아멘.

하느님의 모친이신 마리아여

황홀도 기적도 탈혼도 그 무엇도 어머님의 생애를 장식하지 않았어요.

오! 간선자들의 모후시여!

당신의 뒤를 따름은 불가능함이 아니라고, 어머님은 우리들에게 느끼게 해 주셔요.

오! 간선되신 모후시여!

당신은 우리에게 보여주셨어요. 천국에 이르는 좁은 길을, 늘상 행하시던 겸양하고 신중하신 숨은 덕으로. 아멘.

우리 주 예수님!

우리가 은총의 마음을 영원히 잃지 말게 하시고 아무리 가벼운 죄라도 일부러 범하지 못하게 하소서. 우리로 하여금 당신만을 찾고 얻어 만나게 하시며, 피조물이 우리에게 아무 것도 아닌 것이 되고, 우리도 피조물에게 아무 것도 아닌 것이 되며, 오직 당신만이 우리의 모든 것이 되어 주소서.

세상사가 우리 마음을 조금도 어지럽히지 못하게 하소서.

우리는 오직 우리가 아닌 우리 주 예수님의 사랑만을, 한계가 없는 사랑을 구하나이다. 당신의 성의가 우리 안에 완전히 이루어지게 하시며, 영원히 우리를 위해 준비해 주신 그 자리에 이르게 하시고, 우리로 하여금 많은 영혼을 구하게 하소서. 아멘.

하느님!

주님의 현존은 얼마나 감미로운지요.

님은 최고의 선이옵나이다.

침묵 중에 당신께 가까이 나아가 당신의 자취를 찾고자 하오니, 이는 우리를 님께 결합시켜 님의 정배로 삼으시기를 승낙해 주시기 위함이옵나이다.

우리는 당신 품을 떠나서는 행복을 발견치 못하나이다.

오, 주여! 우리 이제 청하오니 당신 안에 언제나 잠심하여 살도록 지켜주소서. 우리 영혼은 당신을 위해 모든 것을 잃기를 원하고 있나이다. 아멘.

지극히 사랑하올 그리스도

사랑으로서 십자가에 못 박히신 예수님!

저는 당신 성심의 배필이 되고 싶나이다.

저는 거룩한 영광으로 당신을 채워드리며,

사랑에 진하고자 하오나, 나의 가냘픔을 사무치게 느끼오니,

당신 자신으로서 저를 감싸주시고

내 생애로 하여금 당신 생애의 재현이 되게끔

내 넋을 당신 영혼의 온갖 움직이심에 동화시켜

당신 안에 가라앉게 하시어 저를 대신하소서.

주여, 애닲게 바라옴은 주께서는

흠숭자, 속죄자, 구세주로 내 영혼에 임하시는 것이로소이다.

지극히 흠숭하올 삼위 일체의 하느님!
내 자신을 전혀 잊고 내 영혼으로 하여금
이미 영원한 나라에서 살 듯,
당신 안에서 안온하고 고요 중에 살게 하소서.
그 무엇도 내 영혼의 평화를 흩어지게 하거나,
당신 안에서 내치는 일없이 매 순간마다 더 깊이
당신의 심오한 현의 속으로 이끌어 주소서. 아멘.

성부여!
당신의 섬섬 약질의 불쌍하고 작은
이 피조물을 익히 생심하소서.
그리하여 내게서
당신 마음의
흐뭇하신 성자만을 보시옵소서. 아멘.

성삼위시여!
나의 전부! 나의 행복이여!
영원한 고요, 나를 잠그시는 무한의 심연이여.
나를 번제로 당신께 고스란히 드리나이다. 바라오니,
당신의 한없는 위대함을 뵙는 날까지, 당신 빛 안에
나를 잠그도록 당신을 내 안에 잠그소서. 아멘.

주님!

인자하게 타는 마음이 변함없이

우리를 붙들어 주시는 마음이

우리 안에 있는 모든 것을 우리의 나약까지도

사랑하는 마음이,밤도 낮도 우리를 버려 두지 않는 마음이

우리에게 필요하나이다. 언제까지도 죽는 일이 없이,

언제까지도 나를 사랑하는 피조물을

우리는 어디서도 찾을 수 없었나이다.

우리의 인성을 취하신 하느님께서

우리의 형제되어 주시고 교통할 수

있는 하느님이 우리에게 필요하나이다.

주님은 들어주셨나이다.

주님은 우리 마음과 일치하시려,

주님은 죽을 몸이 되시고 피를 흘리셨나이다.

아! 그지없는 신비!

그리고 지금도 우리 위해 제단 위에서 살고 계시나이다.

주님의 성면의 빛나심을 볼 수 없어도

인자하기 그지없는 주님의 음성을

귀에 들을 수 없어도

우리 하느님,

우리는 주님의 은혜로 살고

주님의 마음에 쉴 수 있나이다.

주님의 마음은 감미로운 보배의 창고,

주님은 우리의 행복,
주님은 우리의 유일의 희망,
우리 청춘을 극복하고
매혹되신 성심이여! 우리 곁에 오소서
마지막 저녁까지 아멘.

하느님의 영원하신 말씀이여!
당신 말씀을 듣는 데에 재빠른 내 생애가 되기 원하오며,
배우는 모든 것을 얻고자 공손하려 하나이다.
칠흑 같은 어둠과 허탈, 온전한 무기력 중에
나 당신을 눈여겨 바라보며,
님 안의 그 큰 빛에 살고자 하나이다.
오 사랑하올 별이시여!
나로 하여금 당신 빛 밖으로
빗나가지 않게 저를 사로잡으소서. 아멘.

내 영혼을 고요 속에 간직하시어
당신이 아끼시는 자리와 쉼을 기리는 곳이 되게 하시며
당신의 천국이 되게 하소서.
그리하여 나 잠시도
님을 혼자 버려둠이 없이 고스란히 바치오며

언제나 신앙 안에 깨어 흠숭하고
님의 손안에 온전히 맡겨 드리나이다.

하느님 아버지!
오늘 하루가 남김없이
당신 것이 되도록
당신께 모든 것을 봉헌합니다.
우리를 돌보아 주소서.
당신의 뜻을 깨닫는 빛과 언제나
그것을 이루어 가는 힘을 주소서.
우리 주 예수 그리스도를 통하여 비나이다. 아멘.

하느님 아버지!
오늘 하루가 땅 끝까지 성령으로 새로워져서
당신 영광의 시간이 되게끔
아드님 그리스도 안에 모든 것이
거룩한 것이 되게 하소서.
우리 주 예수 그리스도를 통하여 비나이다. 아멘.

예수님!

기쁨도 즐거움도

당신이 안 계시면 의미가 없습니다.

고통도 슬픔도 당신 안에서는

모든 것이 값진 것이 됩니다.

나는 지상에 불을 놓으려 왔다고 말씀하신 주님!

당신의 사랑의 불꽃 속에서

우리의 모든 것을 태워주소서.

성자는 세세에 영원히 살아 계시고 다스리시나이다. 아멘.

착하신 성모님!

당신과 함께,

당신 안에서,

성자 예수와 함께 있는 기쁨을

나날이 새로워지게 하소서. 아멘.

하느님의 모친이신 마리아여!

하느님의 아드님은 그토록

거룩하신 어머니께서 마음의 고민,

어둠 속의 머무심을 허락하셨으니,

이승에서 겪는 고통은 진정 좋은 것이겠지요?

진정 사랑하며 고통받는 것은
아주 순수한 행복입니다.

타는 사랑이시며 빛이신 천주 성령이여
우리 지혜, 우리 마음, 우리 의지,
우리의 온 존재를 지금도
영원히 당신께 바치나이다.
우리 지혜를 비추시고,
우리 의지를 굳세고 항구하게 하소서.
그리하여 마귀와 본성의 모든 계교를 물리치고
당신의 천상 감도를 잘 알아듣고
언제나 순종케 하소서. 아멘.

명상의 씨에서……
그분의 가장 높은 특전은 그분의 가난이라는 사실,
그분의 가장 큰 영광은 그분이 가장 감추었다는 사실임을
잊어서는 아니 되며,
그분의 힘의 원천은 그리스도
곧 하느님 앞에서는 없음과 같다는 것을 기억해야 한다.
이는 그분이 모든 성인들 중에서
가장 속속들이 가난하며 가장 깊이 감추어졌기 때문이다.

그분은 무엇이나 절대로 자기만의 것으로 갖지 않으시고
무한히 이기심의 티끌도 없으신 하느님의 은총을
우리 모두와 함께 담뿍 받게 하시기 때문이다.
우리를 깨끗이 비우고,
그분과 같이 가난하고 감추어져서
그분을 닮음으로서
하느님을 닮을 때에 우리는
참으로 하느님을 소유하게 될 것이다.

자연이나 초자연의 선물 중에서 가장 값진 것은
사람의 눈에서 사라져 감추이기를 원하는 것이다.
세상에서는 아무 것도 아닌 것으로 여김을 받고
자의식적인 생각을 벗어버리고
그지없는 가난으로 무로 화 해버리기를 원하는 것이니,
이는 곧 다름 아닌 하느님의 숭경이다.
이 절대적인 공허, 이 가난,
이 어두움은 하느님으로 가득 차 있기 때문에
스스로 모든 기쁨의 비결을 지니고 있다.
이 공허를 찾는 것이 하느님의 어머니께 대한 참된 효성이다.

성녀 마리 우프라시아의 기도

오 하느님! 내 마음의 고동소리가 날 때마다
죄인을 위하여 용서를 비는 기도가 되게 하소서.
내 호흡은 당신께 한없는 자비를 비는 것이오며
내가 보내는 모든 시선이 그들로 하여금
당신의 사랑을 얻을 수 있는 덕이 되게 하소서.
당신의 영광과 모든 영혼의 구원을 위하여
열심히 일하는 것이
내 생명의 양식이 되게 하소서. 아멘.

사랑의 성령이여!

사랑이 없는 곳에 사랑을,
사랑이 있는 곳에 더욱 사랑을 주소서.
사랑을 상처 내는 모든 것을 물리치고
사랑을 더럽히는 모든 것을 씻어 주소서.
청정함과 가난과 온유, 순진함을 가지고 그지없는
당신의 사랑 안에서 살 수 있게 하소서.

어머님 마리아여

십자가 밑에 서서 가슴이 창에 찔리신
당신을 생각하고 내 자신에

죽을 수 있게 하소서.
그리스도와 함께 묻히고
그리스도와 함께 부활하고
지상의 것을 멀리 하고
천상의 것을 갈망하게 하소서.

성 요셉이여!
침묵과 겸손은 당신의 것이었나이다.
성실과 사랑은 당신 생명이었나이다.
우리의 사랑을 깨끗이 하고
침묵을 심화시켜 주소서.

하느님 아버지!
아드님 예수와 함께 죽게 하소서.
사랑 때문에 사랑 안에서 예수님!
당신 말씀대로
자기 목숨을 얻으려는 사람은 잃을 것이며
당신을 위해 자기 목숨을 잃는 사람을
그것을 얻는다는 것을
이 몸으로 증명할 수 있게 하소서.

예수님!
당신이 계시지 않는 곳에는 저도 없습니다.
당신이 계시는 곳에만 저는 있습니다.
성모님과 성 요셉이여!
당신들과 함께 예수님과 하나되고 모든 이와 하나되어
언제나 아버지 품속에서 살 수 있게 하소서.

예수님
당신을 믿습니다. 그러나
더욱 굳게 믿게 하소서.
서로의 불신으로
얼어붙기 쉬운 우리 마음을
당신 안에서
당신을 위해
부드럽게 해 주소서.

아버지
이 몸은 당신을 목말라 하나이다.
그러나 더욱 큰 갈증을 주소서.
당신이 저의 것,
제가 당신의 것으로 되어지기 전에는

저는 쉴 수가 없습니다.

사랑의 성령이여
당신을 사랑합니다.
그러나 더욱 깊이 사랑하게 해 주소서.
잃어버리기 쉬운 우리 사랑을
당신 사랑의 숨결로 생기 찾게 하소서. 아멘.

필요한 것은
오직 하나라고 하신 주 예수님!
당신의 사랑만이 모든 것에 있어서
모든 것이 되게 하소서. 아멘.
(영광송)

원수를 사랑하고
박해하는 사람들을 위해 기도하라고 하신 주님,
사람들의 반감, 비난, 오해, 미움을
침묵 중에 견디고
그들을 위해 기도하게 해 주소서.
또 그와 같은 불쾌감과 죄의 마음을

친구 안에 일으키게 한 저의 과실을 유순히 인정하는
겸허한 마음을 주소서.

나를 따르고자 하는 사람은
"자기를 버리고 매일 자기의 십자가를 지고
나를 따르라"고 하신 주 예수님,
사라지는 이 세상의 기쁨이 아니고
아무도 빼앗을 수 없는
완전한 기쁨을 당신 안에서 찾아 얻게 하소서.
이 세상에 죽고
당신과 함께 사람들을 섬기는 사랑으로
타오르는 나날을 주소서.

주여!
당신 없이 저희들은 아무 것도 할 수 없습니다.
하오나
당신의 권능은 약한 자 안에서 드러납니다.
저의 무력함의 자각과
당신께 대한 그지없는 신뢰를 주소서.
당신의 죽음을 통해 세상에 생명을 주신 주님,
저희들의 고통과 슬픔이

당신을 찬미하는 기쁨이 되게 하소서.

성모 마리아여

당신의 생명, 당신의 모든 것이었던
예수의 한없는 사랑의 심연에서
당신과 함께 잠기어 쉬게 하소서.
주여 저로 하여금
당신의 평화의 사신이 되게 하소서.

사제 수도자를 위한 기도

그지없이 인자하신 아버지!
예수 그리스도를 위해
당신 백성의 봉사자로 그 생애를 봉헌하는
사제 수도자를 주소서.
그들이 성령의 은혜와 함께 의지되어
그리스도의 사랑으로 강해지고
사람들을 섬기는 기쁨을 얻을 수 있게 하소서.
우리 주 그리스도의 이름으로 비나이다. 아멘.

예수님!
당신은 세상을 구하시기 위해 생명을 바치셨습니다.
그 사랑의 업은
당신의 몸인 교회로서 세말까지
매일 이 지상에서 이루어 갑니다.
당신 사랑에 응하여
모든 사람을 위해
전 생애를 바치는 사제 수도자를 주소서.
그들의 생애가
삼위일체이신 하느님의 영광을 찬미하며
세상을 빛으로 인도하는
힘이 되게 하소서.

예수님!
당신은 우리의 모든 것!
우리의 몸, 우리의 마음, 모두를
지금으로부터 영원히
당신의 것,
아버지의 것이 되게 하소서.

교회의 어머님 마리아여!
우리의 간청을 들어 허락하시어
당신 아드님 예수 그리스도께 전구해 주소서. 아멘.

그리스도를 향한 기도
그리스도의 영혼이 나를 성화하고,
그리스도의 몸이 나를 구하고,
그리스도의 성혈이 나를 취하게 하고,
그리스도의 옆구리에서 흘러나오는 물이 나를 깨끗이 하고
그리스도의 수난이 나를 굳세게 하소서.
그지없이 인자하신 예수님, 나의 기도를 들어주소서.
당신 상처 안에 나를 감싸주시고,
당신을 떠나는 일이 없게 하소서.
악마의 올무에서 나를 감싸주시고,
임종 때에 나를 불러 당신 옆에 이끌어 주소서.
모든 성인들과 함께 언제까지나
영원히 당신을 찬양할 수 있게 하소서. 아멘.

십자가상의 예수님께 드리는 기도
그지없이 인자하신 예수님
당신 앞에 엎디어 마음을 다하여 기도 드립니다.

예언자 다윗왕이 주님께 대해 "그들은 내 손을 뚫고,
나는 내 뼈를 모두 셀 수 있게 되었다."고 말했습니다.
지금 그 모습을 목전에 두고 큰 애정과 괴로움으로
주님의 다섯 상처를 익히 바라보며 마음속에 새기며
생각합니다.
신 · 망 · 애 덕으로 타오르는 마음과
참다운 통회로
죄를 개선하는 굳은 결심을 내 마음에 새겨주소서. 아멘.

사랑의 소원

(성 아우구스티노의 기도)

주 예수님! 자신을 알고 당신을 알게 해 주소서.
당신밖에 아무 것도 원치 않고,
자기를 미워하고 당신을 사랑하는 것을,
모든 것을 당신을 위해 이루고,
자기를 낮추고 당신을 흠숭하게 해 주소서.
당신 외에 아무 것도 생각지 않고 자기에 죽고,
당신으로 살게 해 주소서.
무엇이 일어나도
모든 것을 당신 손에서 받게 해 주소서.
자기를 올바르게 하고 당신을 따르고,
언제나 항상 당신 뒤를 따르는 것을 원케 해 주소서.

자기에서 피하고,
당신 곁에 몸을 숨기고 당신께서 지켜 주시게 하소서.
자신을 경계하고 당신을 경외하고,
당신께 선택받은 사람들 안에 들게 하소서.
자신을 믿지 않고 당신을 믿고
당신을 위해 순종하는 것을 원케 해 주소서.
당신밖에 그 무엇에도 애착하지 않고
당신을 위해 가난한 자가 되게 하시고
당신을 사랑하기 위해서 나를 돌보아주소서.
당신을 뵈옵기 위해서 저를 불러주소서.
영원히 당신 안에서 기쁨을 얻기 위하여 아멘.

피를 흘리지 않고서는

죄의 사함도 없을 것이다.
이와 마찬가지로 눈물을 흘리지 않고서는
영혼의 전환이 있을 수 없습니다.
하느님이 우리의 눈물을 요구하실 때 우리는
눈물 위에 감추어져 있는 결실을 보게 됩니다.
또한 우리가 그러한 결실을 깨닫지 못하고
우리의 눈물을 하느님께 드릴 때에
하느님께서는 이 세상의
가장 메마르고 척박한 구석구석에

성스러운 이슬처럼 우리의 눈물들을 뿌려주십니다.

고통을 당하는 것은 하느님의 뜻을 행하는 것입니다
– 로스 안데스의 성녀 테레사 –

마리아의 지극히 순결하신 배필이시여
나의 가장 사랑하올 안내자이신 성 요셉이여
생각하소서.
당신의 돌보심을 애원하고
당신의 도우심을 청하고도 버림받았다 함을
일찍이 듣지 못하였나이다.
우리는 굳게 신뢰하는 마음으로 당신께 달려들어
열절한 정신으로 의탁하오니
오! 구세주를 기르신 아버지시여,
나의 기도를 못들은 체 마시고
인자로이 들어주소서. 아멘.

오 복된 성 요셉이여!
당신은 다감한 아버지시요
예수의 충실한 보호자이시며, 천주의 어머니의

순결한 배우자이십니다.
우리 죄인들에게 새 생명을 주시기 위해
십자가 위에서 죽으시고 다시
부활하신 성자 예수를 통하여
천주 성부를 찬미함에
당신과 함께 기도하고자 하나이다.
예수의 거룩한 이름을 통하여
우리가 구하는 은총(지향)을
영원하신 천주 성부께 얻을 수 있도록
함께 기도하여 주소서.
우리는 천주 성부의 끊임없는 사랑에
충실치 못해왔나이다.
우리의 형제이신 주 예수께
우리에 대한 자비를 간구하여 주옵소서.
고통을 당하는 이들과
기도하는 이들과
눈물짓는 이들의 슬픔을
현존하는 하느님의 사랑의 빛 가운데서
기억하여 주소서.
당신의 기도와 당신의 가장 거룩한 배우자이신,
우리의 복되신 성모님의 기도에 의해
예수님의 사랑이
우리의 확신에 찬 희망의 부름에 응답하게 하소서. 아멘.

성녀 소화 테레사께 드리는 기도

아기 예수의 성녀 테레사여,
당신은 포교 사업의 대주보이시며
우리 가르멜의 주보이시니 우리의 기도를 들어 주소서.
우리도 당신을 본받아 영적 어린이의 길을 걸어
단순하게 의뢰하는 아기 같은 영혼이 되게 하소서.
그 누구도 더 이상 사랑하지 않을 정도로
주님을 더욱 열절히 사랑하도록
아무 것도 천주께 거절하지 않을 은혜를 얻어 주소서.
우리의 형제애를 더 깊게 하시고
함께 노력하여 온 천하 특히 우리 한국의 모든 이가
그리스도를 모시게 하고
우리 매일의 작은 희생을
예수께 드려 가시를 장미로 바꿀 관대한 사랑을 주소서.
"나는 천국에서 지상을 행복하게 하기 위해 일하겠다"고 하셨으니
우리에게 장미의 비를 내려 주시어
결백함의 흰 장미와 사랑의 붉은 장미를 보내 주소서. 아멘.

오 아기 예수여!

당신은 성모님 태중에 숨어 계시나이다.
우리는 당신을 흠숭하며 사랑하나이다.
죄인들을 구속하시며

온 세상에 평화를 주시기 위해 빨리 오소서.
그리고 우리의 마음을 당신의 사랑으로 채우소서.

성모여!
우리도 당신과 같이 주의 작은 종이 되고자 하나이다.
아멘.

그분은 외양간에서 태어나시고
당신의 전능과 무한을 갓난아기의 울음 속에 숨기시고 역사의
한가운데에 인간들의 사악함에 몸을 맡기셨다. 그분은 인생의 가
장 어려운 교훈을 우리에게 가르치셔야 했기 때문이며, 무능력과
나약을 받아들이는 마음을 가르치셔야 했기 때문이다.

내게는 하느님의 이 가난보다 더 사랑스러운 것이 없나니
하느님의 가난!
내게는 그분의 전능보다 감미로운 것이다.
내게는 그분의 아름다우심보다 가깝게 느껴진다.
하느님의 가난!
여기에 사랑의 가장 고귀한 정수가 있다.

지극히 거룩하온 하느님의 성사는 찬미와 찬송을 받을지어다

(성 도미니꼬 사비오의 기도)

내 존재의 기원이신 주여, 당신께로 더 가까이 끌어 주소서.

내 현존의 주여, 모든 길을 지시하소서.

소명의 주여, 계속 나아갈 힘을 주소서.

신앙의 주여, 회의에서 지켜 주소서.

희망의 주여, 절망으로부터 지켜 주소서.

사랑의 주여, 냉담해지지 않게 하소서.

과거의 주여, 당신을 절대 잊지 않게 해 주소서.

현재의 주여, 항상 곁에 머무소서.

미래의 주여, 끝까지 충실하게 해 주소서.

생명의 주여, 당신의 면전에서 살게 하소서.

죽음의 주여, 마침내 나를 받아주소서.

영원의 주여, 영원히 축복하소서. 아멘.

산다는 것은……

(성 아우구스티노의 기도)

진리이신 하느님께 나의 기도를 드립니다.

당신을 떠난다는 것은 길을 잃어버리는 것이며,

당신께 되돌아가는 것은 생명을 되찾는 것입니다.

당신 안에 머무르는 것은 산다는 것입니다.

하느님 당신께 기도합니다.

자신을 속이지 않는 한 누구도 멸망되지 않으며,
당신의 은총으로 인도받지 않는다면
아무도 당신을 그리워할 수 없습니다.
마음이 순결하지 않다면 아무도 당신을 찾을 수 없습니다.
하느님 당신을 떠나는 것은 곧 죽음이고
당신을 기다리는 것은 곧 당신을 사랑하는 것이며
당신을 직관하는 것은 곧 당신을 소유하는 것입니다.
하느님 믿음은 당신께로 우리를 밀어주고 희망은
당신께로 이끌어주며 사랑은 당신과 친교를 이루게 해 줍니다.

주님과의 대화

– 성 힐라리오 –

주님!

맘껏 말씀드릴 수 있도록 허락해 주십시오.

우리는 이 지상의 미소한 자에 불과하나

당신 사랑의 사슬로 묶여 있습니다.

당신을 알기 전에는 내 존재의 의미를 몰랐고

내 존재는 무의미할 뿐이었습니다.

당신의 자비를 입어 비로소 살기 시작했습니다.

주님, 용서하소서.

지금에사 분명하게 이것을 깨달았습니다.

우리는 믿음 안에서 모든 것을 배웠고

그 믿음 안에 잠겨 있습니다. 우리는 당신을 떠날 수 없으며,
오히려 당신 때문에 죽을 수 있다고 생각됩니다.

교황 바오로 6세의 "수녀들에게……"
여러분들은 행복합니다.
가장 좋은 몫을 택했으니 행복합니다.
아무 것도, 그리고 아무도
그리스도에게서 여러분을 떼어놓을 수 없기에 행복합니다.
오직 하나이며
가장 높은 사랑에 여러분의 삶을 바쳤기에 행복합니다.
교회의 가장 사랑을 받는 딸이기에
그리고 교회의 기쁨과 슬픔, 노고와 희망에 함께 참여하기에
여러분은 행복합니다.
마음속까지 보시는 아버지께로부터 여러분이 행한 일과 기도,
고통의 보상을 받을 터이므로 여러분은 행복합니다.
마리아처럼
여러분도 하느님의 말씀을 듣고 그 말씀에 신뢰하며 따랐기에
행복합니다.

순명은 사랑의 척도이다
완전한 사랑을 차지하기 위하여 완전히 순명하라.
(샤를르 드 후꼬오)

가르멜 수녀는 봉헌된 영혼입니다

하느님의 영광을 위해 바쳐진 제물입니다.

그녀의 그리스도와 함께 그녀는 십자가에 못 박힙니다. 그러나 그녀의 갈바리오는 그 얼마나 휘황하게 빛나 있습니까!

(삼위일체의 복녀 엘리사벳)

나는 당신께 내 마음을 드립니다

당신을 생각하며 당신만을 위해서 살고 있는 내 마음을,

당신을 죽기까지 사랑하는 마음을.

(삼위일체의 복녀 엘리사벳)

나는 예수님의 성심과

하나가 되는 것밖에 다른 것은 원치 않습니다.

(성녀 테레사 말가리다)

작은 기도
가르멜 수도원

휴식 시작 기도

주 하느님 저는 지금 주님의 여종들과 함께 얼마 동안 쉬려 합니다. 이 쉼이 주님께는 영광이 되고 기쁨이 되게 하시며 저희에게는 앞으로 주님께 더욱 힘차게 봉사하는데 도움이 되게 해 주십시오. 하늘의 모후님, 당신께도 같은 은혜를 간절히 청합니다. ◎ 아멘.

말씀 기도와 아침 기도에 자매들을 초대할 때

예수 그리스도님과 어머니신 지극히 거룩하신 동정녀 마라아님을 찬미합시다. 자매님들, 주님을 찬미하러 기도에 모입시다.

십자가에 입맞출 때

– 독서 끝나는 종칠 때 –

제 유일한 희망이신 십자가를 흠숭하나이다. 온 인류의 상처를 낫게 하려고, 영원하신 성부님께 예수 그리스도님의 상처를 그리옵니다. 예수님, 당신의 그 거룩하신 상처의 공로로 저희를 용서하시고 구원해 주소서.

성의를 입고 벗을 때

– 성모 공통 제2저녁기도 찬미가 4 –

저희를 구하러 오신 구세주 당신의 아들이 되시었으니 저희의 어머니 되어 주시고 저희의 기도를 들어주소서.

대림 시기 첫 잠이 깼을 때
– 땅에 부복하여 기도함 –

오! 아기 예수님! 성모님의 태중에 숨어 계신 아기 예수님께 사랑과 흠숭을 드립니다. 아기 예수님, 죄인들을 구하시고 온 세상에 평화를 주시러 빨리 오십시오. 그리고 제 마음을 주님 사랑으로 가득 채워 주십시오. 성모님, 저도 어머님처럼 주님의 작은 종이 되고 싶습니다.

예수님 성탄을 준비하는 9일 기도
– 12월 16일~24일 –

16일 주님, 당신 성전 한가운데서 주님의 자비를 저희에게 내리시어, 저희가 장차 맞이할 구원의 축일을 합당한 열성으로 준비하게 하소서. 우리 주 그리스도를 통하여 비나이다. ◎아멘.

○하늘은 위로부터 이슬을 내리고, 구름은 의인을 비같이 내려 보내시어,

◎땅은 열리어 구세주께서 나시게 하소서.

○주님, 저희에게 주님의 자비를 보이소서.

◎저희는 구원되리이다.

○하느님께서 나타나시리니,

◎가서 그분께 흠숭드리세.

○티없으신 동정 마리아 하느님의 어머니,

◎저희를 위하여 빌어 주소서.

○강생하신 말씀을 충실히 수호하신 영광스러운 요셉,

◎저희를 위하여 빌어 주소서.

○가브리엘 대 천사와 성탄을 알려 주신 모든 천사님,

◎저희를 위하여 전달하소서.

○나신 예수님을 흠숭하신 거룩한 목동과 삼왕님,

◎저희를 위하여 전구하소서.

기도합시다. 전능하신 하느님, 다가오는 구원의 축일이 저희 생활에 도움이 되고, 영원한 행복의 은혜가 되게 하소서. 우리 주 그리스도를 통하여 비나이다. ◎아멘.

17일 오, 지혜! 지극히 높으신 이의 말씀, 끝에서 끝까지 미치시며, 권능과 자애로 모든 것을 다스리시는 분, 오시어 저희에게 현명의 도를 가르쳐 주소서.

○하늘은 위로부터 이슬을 내리고, 구름은 의인을 비같이 내려 보내시어,

◎땅은 열리어 구세주께서 나시게 하소서.

○주님, 저희에게 주님의 자비를 보이소서.

◎저희는 구원되리이다.
○하느님께서 나타나시리니,
◎가서 그분께 흠숭드리세.
○티없으신 동정 마리아 하느님의 어머니.
◎저희를 위하여 빌어 주소서.
○강생하신 말씀을 충실히 수호하신 영광스러운 요셉,
◎저희를 위하여 빌어 주소서.
○가브리엘 대 천사와 성탄을 알려 주신 모든 천사님,
◎저희를 위하여 전달하소서.
○나신 예수님을 흠숭하신 거룩한 목동과 삼왕님,
◎저희를 위하여 전구하소서.

기도합시다. 인류를 창조하시고 구원하신 하느님, 말씀이신 성자께서 평생 동정인 마리아에게서 혈육을 취하시어 사람이 되게 하셨으니, 저희의 기도를 인자로이 들으시어 사람이 되신 성자를 통하여 저희도 하느님의 생명에 참여하게 하소서. 우리 주 그리스도를 통하여 비나이다. ◎아멘.

18일 오, 주님! 이스라엘 집안을 다스리시는 분, 타는 가시덤불 속에서 모세에게 나타나셨고, 시나이 산에서 그에게 당신 법을 주셨으니, 오소서, 팔을 펴시어 저희를 구원하소서.

○하늘은 위로부터 이슬을 내리고, 구름은 의인을 비같이 내려 보내시어,

◎땅은 열리어 구세주께서 나시게 하소서.

○주님, 저희에게 주님의 자비를 보이소서.

◎저희는 구원되리이다.

○하느님께서 나타나시리니,

◎가서 그분께 흠숭드리세.

○티없으신 동정 마리아 하느님의 어머니,

◎저희를 위하여 빌어 주소서.

○강생하신 말씀을 충실히 수호하신 영광스러운 요셉,

◎저희를 위하여 빌어 주소서.

○가브리엘 대 천사와 성탄을 알려 주신 모든 천사님,

◎저희를 위하여 전달하소서.

○나신 예수님을 흠숭하신 거룩한 목동과 삼왕님,

◎저희를 위하여 전구하소서.

기도합시다. 전능하신 하느님, 오랫동안 죄의 종살이에 짓눌린 저희가 다가오는 성자의 새로운 성탄으로 해방의 기쁨을 얻게 하소서. 우리 주 그리스도를 통하여 비나이다. ◎ 아멘.

19일 오, 이새의 뿌리! 만민의 표징이 되셨나이다. 주님 앞에 임금들이 잠잠하고, 백성들은 간구하오리니, 더디 마옵시고 어서 오시어 저희를 구하소서.

○하늘은 위로부터 이슬을 내리고, 구름은 의인을 비같이 내려 보내시어,

◎땅은 열리어 구세주께서 나시게 하소서.

○주님, 저희에게 주님의 자비를 보이소서.

◎저희는 구원되리이다.

○하느님께서 나타나시리니,

◎가서 그분께 흠숭드리세.

○티없으신 동정 마리아 하느님의 어머니,

◎저희를 위하여 빌어 주소서.

○강생하신 말씀을 충실히 수호하신 영광스러운 요셉,

◎저희를 위하여 빌어 주소서.

○가브리엘 대 천사와 성탄을 알려 주신 모든 천사님,

◎저희를 위하여 전달하소서.

○나신 예수님을 흠숭하신 거룩한 목동과 삼왕님,

◎저희를 위하여 전구하소서.

기도합시다. 하느님, 거룩한 동정녀를 통하여 당신 영광의 빛을 세상에 드러내셨으니, 온전한 믿음과 경건한 마음으로 강생의 이 크나큰 신비를 받들게 하소서. 우리 주 그리스도를 통하여 비나이다. ◎ 아멘.

20일 오, 다윗의 열쇠! 이스라엘 집안의 홀, 주님께서 여시면 닫지 못하고, 닫으시면 아무도 열지 못하오니, 오시어 어둠과 죽

음의 그늘에 앉아 있는 자를 그 결박에서 풀어 주소서.

　○하늘은 위로부터 이슬을 내리고, 구름은 의인을 비같이 내려 보내시어,
　◎땅은 열리어 구세주께서 나시게 하소서.
　○주님, 저희에게 주님의 자비를 보이소서.
　◎저희는 구원되리이다.
　○하느님께서 나타나시리니,
　◎가서 그분께 흠숭드리세.
　○티없으신 동정 마리아 하느님의 어머니,
　◎저희를 위하여 빌어 주소서.
　○강생하신 말씀을 충실히 수호하신 영광스러운 요셉,
　◎저희를 위하여 빌어 주소서.
　○가브리엘 대 천사와 성탄을 알려 주신 모든 천사님,
　◎저희를 위하여 전달하소서.
　○나신 예수님을 흠숭하신 거룩한 목동과 삼왕님,
　◎저희를 위하여 전구하소서.

　기도합시다. 하느님, 티없이 깨끗한 동정녀가 천사의 아룀으로 성령의 빛을 받아, 하느님 말씀을 잉태하고 주님의 궁전이 되었으니, 저희도 성모 마리아를 본받아, 겸손히 주님의 뜻을 따르게 하소서. 우리 주 그리스도를 통하여 비나이다. ◎ 아멘.

21일 오, 동녘에 떠오르는 빛! 찬란한 광채, 정의의 태양, 오시어 어둠과 그늘 밑에 앉아 있는 이들을 비추어 주소서.

○하늘은 위로부터 이슬을 내리고, 구름은 의인을 비같이 내려 보내시어,

◎땅은 열리어 구세주께서 나시게 하소서.

○주님, 저희에게 주님의 자비를 보이소서.

◎저희는 구원되리이다.

○하느님께서 나타나시리니,

◎가서 그분께 흠숭드리세.

○티없으신 동정 마리아 하느님의 어머니,

◎저희를 위하여 빌어 주소서.

○강생하신 말씀을 충실히 수호하신 영광스러운 요셉,

◎저희를 위하여 빌어 주소서.

○가브리엘 대 천사와 성탄을 알려 주신 모든 천사님,

◎저희를 위하여 전달하소서.

○나신 예수님을 흠숭하신 거룩한 목동과 삼왕님,

◎저희를 위하여 전구하소서.

기도합시다. 주님, 저희 기도를 인자로이 들으시고, 사람이 되어 오시는 외아드님의 탄생을 기뻐하는 저희가, 위엄을 갖추시고 다시 오실 성자께 영원한 생명을 받게 하소서. 우리 주 그리스도를 통하여 비나이다. ◎ 아멘.

22일 오, 만민의 임금님! 모든 이가 갈망하는 불, 두 벽을 맞붙이는 모퉁이 돌이시니, 오시어 흙으로 몸소 만드신 인간을 구원하소서.

○하늘은 위로부터 이슬을 내리고, 구름은 의인을 비같이 내려 보내시어,

◎땅은 열리어 구세주께서 나시게 하소서.

○주님, 저희에게 주님의 자비를 보이소서.

◎저희는 구원되리이다.

○하느님께서 나타나시리니,

◎가서 그분께 흠숭드리세.

○티없으신 동정 마리아 하느님의 어머니,

◎저희를 위하여 빌어 주소서.

○강생하신 말씀을 충실히 수호하신 영광스러운 요셉,

◎저희를 위하여 빌어 주소서.

○가브리엘 대 천사와 성탄을 알려 주신 모든 천사님,

◎저희를 위하여 전달하소서.

○나신 예수님을 흠숭하신 거룩한 목동과 삼왕님,

◎저희를 위하여 전구하소서.

기도합시다. 타락으로 죽게 된 인간을 굽어살피시는 하느님, 성자를 세상에 보내시어 저희를 구원해 주시려고 하셨으니, 성자의 강생을 겸손히 승복하는 저희가 구세주와 결합할 수 있게 하

소서. 우리 주 그리스도를 통하여 비나이다. ◎ 아멘.

23일 오, 임마누엘! 저희 임금이시요, 입법자시며, 만민이 갈
망하는 분이시오 구속자시니, 오시어 저희를 구원하소서, 우리
주 하느님,

○하늘은 위로부터 이슬을 내리고, 구름은 의인을 비같이 내
려 보내시어,
◎땅은 열리어 구세주께서 나시게 하소서.
○주님, 저희에게 주님의 자비를 보이소서.
◎저희는 구원되리이다.
○하느님께서 나타나시리니,
◎가서 그분께 흠숭드리세.
○티없으신 동정 마리아 하느님의 어머니,
◎저희를 위하여 빌어 주소서.
○강생하신 말씀을 충실히 수호하신 영광스러운 요셉,
◎저희를 위하여 빌어 주소서.
○가브리엘 대 천사와 성탄을 알려 주신 모든 천사님,
◎저희를 위하여 전달하소서.
○나신 예수님을 흠숭하신 거룩한 목동과 삼왕님,
◎저희를 위하여 전구하소서.

기도합시다. 전능하시고 영원하신 하느님, 성자께서 탄생하실

날이 가까워 간절히 비오니, 동정녀 마리아에게서 사람이 되시어 저희와 함께 사시려 하신 성자를 통하여, 부족한 저희에게 자비를 베풀어주소서. 성자께서는 영원히 살아 계시며 다스리시나이다. ◎ 아멘.

24일 보라! 먼데서 주님께서 오시리니, 그의 영광이 온 땅을 가득 채우리라.

○하늘은 위로부터 이슬을 내리고, 구름은 의인을 비같이 내려 보내시어,
◎땅은 열리어 구세주께서 나시게 하소서.
○주님, 저희에게 주님의 자비를 보이소서.
◎저희는 구원되리이다.
○하느님께서 나타나시리니,
◎가서 그분께 흠숭드리세.
○티없으신 동정 마리아 하느님의 어머니.
◎저희를 위하여 빌어 주소서.
○강생하신 말씀을 충실히 수호하신 영광스러운 요셉,
◎저희를 위하여 빌어 주소서.
○가브리엘 대 천사와 성탄을 알려 주신 모든 천사님,
◎저희를 위하여 전달하소서.
○나신 예수님을 흠숭하신 거룩한 목동과 삼왕님,
◎저희를 위하여 전구하소서.

기도합시다. 주 예수님, 지체하지 마시고 빨리 오소서. 저희는
주님의 사랑을 믿고 있사오니, 어서 오시어 위로해 주소서, 주님
께서는 영원히 살아 계시며 다스리시나이다. ◎ 아멘.

예수 아기의 현의
　　 - 성탄 시기 마음기도 후반 노래하는 날 드리는 기도 -
1. 주님 탄생 예고
아버지 품에 계시는 아기 예수님, 주님께서는 성모님의 태중
에 내려 오셨나이다. 당신은 성령으로 잉태되셨으며, 종의 모습
을 취하셨나이다. (성모송)
2. 방문
아기 예수님, 주님께서는 성모 마리아를 통하여 엘리사벳을
방문하셨나이다. 선구자 요한 세례자에게 기쁨을 가득히 주시고,
그 모친 태중에서 요한 세자를 거룩하게 하셨나이다. (성모송)
3. 성탄을 기다림
아기 예수님, 주님께서는 마리아님 태중에서 아홉 달 동안 숨
어 계셨나이다. 당신께서는 나실 때를 기다리시며, 성모 마리아
님과 요셉 성인의 마음을 열성으로 가득 채우셨나이다. (성모송)
4. 성탄
아기 예수님, 주님께서는 베들레헴에서 성모 마리아에게서 나
셨나이다. 성모께서 당신을 강보에 싸서 구유에 누이셨을 때, 천
사들이 주님의 영광을 노래하고 목동들은 아기 예수님을 방문하

였나이다. (성모송)

5. 할례

아기 예수님, 주님께서는 팔일 후에 요셉 성인과 함께 할례를 받으시고 당신의 영광스런 이름, "예수"를 받으셨나이다. 그리고 당신의 이름, 당신의 피로 이 세상의 구세주 되셨나이다. (성모송)

6. 삼왕의 흠숭

아기 예수님, 주님께서는 별로써 삼왕들에게 알리셨나이다. 당신께서는 성모님 품에 안겨 계실 때, 삼왕들이 황금, 유향, 몰약을 드리면서 당신을 흠숭하였나이다. (성모송)

7. 봉헌

아기 예수님, 주님께서는 사십일 후에 예루살렘 성전에서 봉헌되셨나이다. 시메온 예언자가 당신을 알아보고 안나 예언자가 유다인들에게 알렸나이다. (성모송)

8. 에집트에 피난

아기 예수님, 헤로데왕이 당신을 죽이려 하므로 양친께서 당신을 에집트로 데리고 가셨나이다. 그리고 무죄한 어린이들의 피로 영광을 받으셨나이다. (성모송)

9. 에집트에 머무심

아기 예수님, 주님께서는 칠 년 동안 에집트에서 귀양살이 하셨나이다. 당신은 거기서 첫 말씀을 하시고 강보를 벗으시며, 첫걸음을 걸으셨나이다. (성모송)

10. 나자렛에 돌아오심

아기 예수님, 주님께서는 헤로데가 죽은 후에 이스라엘로 돌아오셨나이다. 그 여행 동안 많은 피로를 겪으시고 또한 양친은 천사의 말씀대로 나자렛으로 돌아오셨나이다. (성모송)

11. 거룩한 숨은 생활

아기 예수님, 주님께서는 나자렛의 작은 집에서 일하시고 순명하시며 가난하게 사셨으며 지혜와 하느님의 은총을 풍부히 받으시며 성장하셨나이다. (성모송)

12. 학자들과 토론하심

아기 예수님, 당신은 열두 살에 양친과 함께 예루살렘으로 가셨나이다. 양친은 당신을 잃어버리시고 사흘 후에 학자들과 성전에서 토론하고 계심을 발견하였나이다. (성모송)

기도합시다. 주 예수님, 천주성과 인성을 당신 한 위에 합하시면서 두 가지 성을 혼합하지 않으시고, 지극히 높고 존귀하시면서 스스로 지존하심을 낮추시어 갓난아기 되기까지 하셨으니, 저희가 주님의 무한하신 지혜를 알고, 당신의 인성 안에서 완전하신 주님의 권능을 알아, 현세에서 당신의 미천하심을 흠숭하고, 천국에서 주님의 존귀하심을 뵈옵게 하소서. ◎ 아멘.

구유 앞에서 드리는 기도 (삼종에 이어서 세 번 함)

하느님 아버지의 사랑이신 예수님 저희에게 주님의 온유와 인내와 순명과 겸손과 정결을 주시기를 간구하나이다.

○ 저희 가운데 살아 계시는 강생한 말씀이신 강생하신 예수님,

◎ 자비를 베푸소서.

○ 저희를 위하여 강생하시고 돌아가신 예수님

◎ 저희를 구원하소서.

성 요셉 성월 =3월=

지극히 자애로우시고 어지신 성 요셉께 간절히 청하오니 당신께 충실하셨던 우리 어머니 성녀 테레사께서 증거하신 대로 당신께 보호와 도움을 청하여 아무도 거절당한 적은 없었나이다. 마리아님의 정결하신 배필이시며 성자 예수님을 기르신 의로우신 성 요셉, 저희도 간청하오니 이(지향) 기도를 너그러이 들어 주소서.

○ 우리 아버지 성 요셉

◎ 저희를 위하여 빌어 주소서. (세 번)

성모님 성월 =5월=

가르멜의 꽃이시며 피어난 포도나무

저하늘의 광채시며 동정이신 어머니

깨끗하신 어머니는 인자한 바다의별

가르멜의 자녀들을 자애로 돌보소서

향기로이 꽃피우는 이새의 깊은뿌리

어머니와 길이길이 함께살게 하소서. 아멘.
　　－ 7월 16일 찬미가에서 －

○ 평화의 모후님
◎ 세계 평화를 주소서. (세 번)

예수 성심 성월 =6월=

지극히 어지신 예수님 모든 마음의 임금이신 예수 성심께 엎디어 간청하나이다. 아낌없이 제게 쏟아 주신 예수 성심의 사랑에 보답 못한 제 잘못을 뉘우치며 간구하오니, 예수님 마음이 아버지 중에 가장 좋은 아버지의 마음이심을 깨닫게 하시어, 상처받으신 주님 마음을 위로해 드리는데 정성을 다 쏟게 하소서. 온 인류를 한결같은 사랑으로 끝까지 사랑하시는 예수 성심께 청하오니, 흩어진 주님의 자녀들을 주님 성심 안에 모아 주소서. 아멘.

○ 지극히 거룩하신 예수 성심
◎ 이 세상에 주님의 나라를 세우소서. (세 번)

엘리사 성인께 바치는 기도 =6월 14일=

수련자들의 수호자이신 성 엘리사.
당신을 신뢰하며 바치는 제 기도를 들어 주소서. 당신은 발을 적시지 않으시고 요르단 강을 건너가셨으니, 제 삶의 길에서 더러움에 적셔지지 않게 막아 주소서. 당신은 더러운 물에 한 줌 소금을 넣어 그 물을 맑게 하셨으니 하느님께서 즐기시는 바를 잘 알고 행하기 위하여 제 영혼에 슬기의 소금을 넣어 주소서. 또 시리아 장군의 나병을 낫게 하셨으니, 고백 성사와 영성체로서 제 영혼의 작은 죄까지 없애 주소서. 성 엘리사, 주님의 부르심에 관대히 응답하고 많은 영혼을 구하며 주님을 찬미하기 위하여 당신처럼 열심한 수련자가 되도록 저를 도와주소서.

○ 수련자들의 수호자이신 성 엘리사
◎ 저희를 위하여 빌어 주소서. (세 번)

성 김대건 안드레아 사제 순교자께 바치는 기도 =7월 5일=

한국 사제들의 모범이시오,

수호자이신 성 김대건 안드레아 신부님.

당신 조국, 이 땅에 하느님 나라를 세울 열정으로 어떠한 희생을 만나도 물러서지 않고, 영혼에 대한 사랑으로 불타며, 진실히 그리스도를 증거할 수 있는 거룩한 사제를 많이 키워 주소서. 한국 신학교를 강복하시어 서품을 준비하는 이들에게 진리의 빛을 심어 주시고, 굳건한 믿음과, 신뢰에 찬 망덕과 타는 애덕을 얻어 주소서. 세속 모든 위험 중에 순결을 보존하게 하시고, 천상 아버지께서 그들 각자 안에서 그리스도를 보실 수 있게 도와주소서.

당신의 모든 형제들에게 세례의 은혜 얻어 주시어 한 목자, 한 우리 안에 들어오게 하시며, 남북한 형제들이 하나되게 하소서. 생활고에 허덕이는 이들을 도와주시고, 전쟁의 재난을 멀리해 주소서. 가르멜에 부름받은 저희가 사제들과 모든 이를 위해 빛과 사랑의 샘이 되는 침묵과 기도와 희생의 소명을 충실히 살 은혜도 얻어 주소서. 아멘.

○ 성 김대건 안드레아 신부님
◎ 저희를 위하여 빌어 주소서. (세 번)

가르멜 산의 복되신 동정 마리아님께 바치는 9일 기도
=7월 7일~15일=

영화로우신 가르멜의 성모님.

성모님의 옷, 성의를 입은 모든 이를 보살펴 주소서. 성모님께서 저희의 참 어머니심을 사랑 다하여 고백하나이다. 성모님, 어머니를 맞갖게 기리기 위해 모든 천사 성인의 찬미와 가브리엘 대천사의 노래를 함께 드리나이다. (은총이 가득하신 마리아님)

어머니시며 모후이신 마리아님, 굳세고 꾸준하고 너그러운 사랑을 저희에게 얻어 주소서. 저희는 가득한 신뢰로 온 교회와 함께 노래하나이다.

(모후이시며 사랑에 넘친 어머니, 우리의 생명, 기쁨, 희망이시여, 당신 우러러 하와의 그 자손들이 눈물을 흘리며 부르짖나

이다. 슬픔의 골짜기에서. 우리들의 보호자 성모님, 불쌍한 저희를 인자로운 눈으로 굽어보소서. 귀양살이 끝날 때에 당신의 아들 우리 주 예수님 뵙게 하소서. 너그러우시고, 자애로우시며 오! 아름다우신 동정 마리아님.)

○ 천주의 성모님, 저희를 위하여 빌어 주시어
◎ 그리스도께서 약속하신 영원한 생명을 얻게 하소서.

우리 성조 엘리야 예언자께 바치는 기도=7월 20일=

가르멜의 영광스러운 성조시요 창설자신 성 엘리야.

제 미약한 기도를 들어주시어, 당신의 제자 엘리사처럼 당신 영(靈), 고행과 기도의 두 가지 정신을 얻고 싶나이다. 당신은 가르멜 산 동굴 속에서 사시면서 "나는 항상 살아 계신 하느님 앞에 있노라"하셨으니 제 영혼을 잠심 중에 있게 하시고 일하는 시간이 곧 기도의 시간이 되게 하소서. 우리 성조 엘리야, 당신은 잿불에 구운 음식을 잡수시고 사십 주야 걸어서 주님의 거룩한 산에 이르렀으니 제가 날마다 받아 모시는 주님의 성체로 영육의 힘을 얻게 도와 주소서. 또 당신은 말씀하시기를 "나는 만군의 주 하느님을 위한 열성에 타고 있노라"하셨으니 제가 죽을 때까지 한결같이 영혼 구원과 주님 영광을 위한 열정에 불타게 하소서. 그리고 천상에서 모든 천사 성인들이 주님을 섬기고 사랑하는 것처럼 지상에서도 모든 이가 주님을 섬기고 사랑하게 하소서. 아멘.

○ 우리 성조 엘리야

◎ 저희를 위하여 빌어 주소서. (세 번)

성녀 십자가의 테레사 베네딕다께 바치는 기도 =8월 9일=

기도문 1

살아 계신 하느님! 아브라함과 이사악과 야곱의 하느님! 당신의 성령으로 성녀 십자가의 테레사 베네딕다에게 뜨거운 마음을 불러일으켜 주시어 성자를 알도록 이끌어 주셨고 죽음에 이르기까지 성자를 따르게 하셨나이다. 그러므로 저희와 모든 이들이 십자가에서 죽고 부활하신 성자 안에서 구원을 깨닫게 하시고 성자를 통해 완전한 생명을 얻게 하소서. 우리 주 예수 그리스도를 통하여 비나이다. 아멘.

기도문 2

하느님 아버지, 당신은 십자가의 성녀 테레사 베네딕다가 인류의 구원자이신 그리스도를 알도록 이끄셨으며 십자가에 대한 큰사랑을 선물로 주셨나이다. 성녀는 순교를 통해 천상의 영광으로 들어가셨으니 성녀의 전구로 저희도 삶에서 오는 십자가를 용감히 짊으로써 당신께 나아가게 하소서. 우리 주 예수 그리스도를 통하여 비나이다. 아멘.

기도문 3

우리 성조들의 하느님! 십자가의 성녀 테레사 베네딕다가 순교하는 순간에 충만케 하신 그 십자가의 학문을 저희에게 깨우쳐주시고 성녀의 전구로 저희가 최고 진리이신 당신을 언제나 찾으며, 세상의 구원을 위해 성자의 피로 맺어진 영원한 사랑의 계약에 죽을 때까지 충실하게 하소서. 우리 주 예수 그리스도를 통하여 비나이다. 아멘.

기도문 4

십자가의 성녀 테레사 베네딕다님! 인류가 서로 평화로이 살며 모든 민족과 종교가 서로 화해하며 살 수 있도록 구약의 백성 이스라엘을 불러모으신 하느님께 저희를 위하여 전구해 주소서.

삶의 의미를 찾는 이들, 우리를 자유롭지 못하게 하는 모든 것에서 해방되고자 노력하는 이들, 참된 진리를 추구하는 모든 이들이 서로 가까워지도록 성령 안에서 자유를 주시는 하느님께 저희를 위하여 전구해 주소서.

영혼과 육신의 어려움으로 고통 받고 있는 저희 모두와 함께 하시기 위해 십자가의 지혜로 충만케 하시는 하느님께 저희를 위하여 전구해 주소서.

○ 십자가의 성녀 테레사 베네딕다
◎ 저희를 위하여 빌어주소서. 아멘.

성녀 십자가의 테레사 베네딕다 호칭 기도

○ 주님, 자비를 베푸소서

◎ 그리스도님, 자비를 베푸소서

○ 주님, 자비를 베푸소서

그리스도님, 저희의 기도를 들으소서

◎ 그리스도님, 저희의 기도를 들어주소서

○ 하늘에 계신 천주 성부님

◎ 자비를 베푸소서

세상을 구원하신 천주 성자님

천주 성령님

삼위일체이신 하느님

○ 가르멜의 모후시며 자랑이신 동정 성모 마리아님

◎ 저희를 위하여 빌어주소서.

○ 성녀 십자가의 테레사 베네딕다

선택된 백성의 딸이신 테레사 베네딕다

예언자들에게서 지혜를 얻으신 테레사 베네딕다

하느님 아버지께 대한 신앙으로 생활한 참된 크리스찬인 테레사 베네딕다

십자가에 못 박히신 구원자의 충실한 제자인 테레사 베네딕다

성체 안에 계신 주님을 열렬히 흠숭하신 테레사 베네딕다

예수 성심을 열렬히 공경하신 테레사 베네딕다

동정 성모 마리아의 사랑을 받으신 테레사 베네딕다

성모님의 덕을 본받으신 테레사 베네딕다

예수님의 십자가의 길에서 성모님을 동반하신 테레사 베네딕다

그리스도 교회의 자랑이신 테레사 베네딕다

직업을 가진 여성들의 모범이신 테레사 베네딕다

자신을 잊고 젊은이들을 인도하셨던 테레사 베네딕다

평화를 가져오고 촉진시키셨던 테레사 베네딕다

가난하고 약한 이들을 도우셨던 테레사 베네딕다

십자가의 요한 성인의 가르침으로 사셨던 가르멜 수녀 테레사 베네딕다

언제나 기도하셨던 테레사 베네딕다

가난과 단순함을 사랑하셨던 테레사 베네딕다

하느님을 신뢰하며 깊은 신앙을 가지셨던 테레사 베네딕다

성령의 비추심을 받아 지혜로우셨던 테레사 베네딕다

기쁘게 하느님과 사람을 섬기셨던 테레사 베네딕다

삶의 시련을 겪을 때 굳세셨던 테레사 베네딕다

선하신 하느님의 모습을 간직하셨던 테레사 베네딕다

진리를 추구하시던 테레사 베네딕다

진리로 순수한 삶을 사셨던 테레사 베네딕다

영원한 존재의 신비를 탐구하신 테레사 베네딕다

진리를 가르치신 테레사 베네딕다

그리스도교 신앙을 인식하신 테레사 베네딕다

분별을 잃은 인간의 악의로 희생되신 테레사 베네딕다

유대 민족을 위하여 순교하신 테레사 베네딕다
사람들의 근심과 곤경 중에 도와 주시는 테레사 베네딕다

○ 성교회의 근심과 관심사를 맡겨 드리오니
◎ 저희의 기도를 들어주소서.
　저희 교황과 주교들의 관심사와 근심을 맡겨 드리오니
　사제와 수도자들의 근심과 어려움을 맡겨 드리오니
　사제와 수도 성소의 증가를 위한 염려를 맡겨 드리오니
　그리스도교 가정들을 맡겨 드리오니
　그리스도교 신앙을 가진 이들을 맡겨 드리오니
　그리스도교 신앙 때문에 박해받는 이들의 두려움과 어려움
을 맡겨 드리오니
　신앙을 전하는 저희 모두를 맡겨 드리오니
　그리스도교 신앙을 잃어버린 이들을 맡겨 드리오니
　신앙 안에서 그리스도교 일치를 위해 노력하는 모든 이들을
맡겨 드리오니
　정의와 평화를 위해 노력하는 국가 지도자와 정치가들을 맡
겨 드리오니
　서로 다른 민족과 종족들이 번영을 이루며 함께 잘살 수 있
도록 맡겨 드리오니
　유대 민족의 후손들을 맡겨 드리오니
　전쟁과 굶주림으로 고통받는 민족들을 맡겨 드리오니
　모든 직업에 종사하는 이들의 어려움을 맡겨 드리오니

학교 교사들과 대학 교수들의 어려움과 직무를 맡겨 드리오니
인류에게 봉사하는 학자와 연구가들의 일을 맡겨 드리오니
가정에 대한 부모들의 근심을 맡겨 드리오니
어린이와 젊은이들의 근심을 맡겨 드리오니

○ 나날의 어려움을 겪을 때
◎ 주님, 저희를 구원하소서.
　절망과 의심을 겪을 때
　유혹과 괴로움을 겪을 때
　질병과 고통을 겪을 때
　미래에 대한 두려움을 겪을 때
　저희가 당신을 찾게 되는 모든 곤경 중에
　죽음의 순간을 맞을 때

○ 하느님의 어린 양, 세상의 죄를 없애시는 주님
◎ 저희를 용서하소서.
○ 하느님의 어린 양, 세상의 죄를 없애시는 주님
◎ 저희의 기도를 들어주소서.
○ 하느님의 어린 양, 세상의 죄를 없애시는 주님
◎ 자비를 베푸소서.
○ 성녀 십자가의 테레사 베네딕다, 저희를 위하여 빌어주시어
◎ 그리스도께서 약속하신 영원한 생명을 얻게 하소서.

† 기도합시다.

살아 계시며 거룩하신 하느님,

성녀 십자가의 테레사 베네딕다의 중재를 간청하오니 성녀의 전구로 우리가 현세에서 어려움을 겪을 때 도움을 받게 하시며, 현세의 삶을 힘껏 산 후에 영광 가운데 당신을 뵙고 당신의 자비를 영원히 찬미할 은총을 얻게 하소서. 우리 주 예수 그리스도를 통하여 비나이다. ◎ 아멘.

예수 성심의 성녀 테레사 말가리다께 바치는 기도 =9월 1일=

'하느님은 사랑'이시며 '예수 성심은 사람으로 불타오르는 화로'임을 체험하며, 짧은 지상의 삶 안에 철저히 자신을 소모하신 오! 복되신 예수 성심의 성녀 테레사 말가리다여.

자애롭고 거룩한 삶의 열정으로 당신처럼 우리 또한 불태워질 수 있도록 함께 하여 주소서.

아! 가르멜의 천사여, 순결하게 주님께 봉헌하신 당신의 '겸손'과 '정결', '보속'과 사랑이 또한 우리의 '덕'이 될 수 있도록 전구해 주시고, 우리의 삶이 하느님께 대한 완전한 봉사로써 온전히 축성될 수 있도록 기도해 주소서. 이 모든 것이 이루어지리이다.

한국 순교자들께 바치는 9일 기도 =9월11~19일=

이 땅의 모든 순교자님.

당신들은 하느님의 은총에 힘입어, 굳은 신앙으로 예수 그리스도의 사랑과 복음과 교회를 위하여 피를 흘리셨나이다. 당신들은 이 땅에서 많은 고난을 겪으며 사시다가 목숨까지 바치셨으니, 이 땅에서 교회가 날로 자라게 하시며, 사제들이 많이 나게 도와주소서. 위대하신 순교자들, 천상의 모후이신 성모 마리아와 함께 이 나라를 위하여 전구하시어, 남과 북이 하나되어 서로 사랑을 나누며 살 수 있도록 하느님의 자비를 얻어 주소서. 또한 저희가 죽을 때까지 예수 그리스도를 한결같이 믿어 증언하며, 비록 피는 흘리지 못할지라도 주님의 은총을 입어 사랑의 증인이 되게 해주소서. 그리고 저희와 친척과 은인들이 구하는 은혜(지향)도 얻어 주소서.

○ 성 김대건 안드레아와 성 정하상 바오로와 동료 순교자들.
◎ 저희를 위하여 빌어 주소서. (세 번)

예수 아기의 성녀 테레사 동정 학자께 바치는 9일 기도
=9월 22일~30일=

인류 가족을 돕고 영감을 주도록 전능하신 하느님께서 드높여 주신 영광스러운 성녀 테레사님.

저의 기도를 들어주시어 기적이 일어나게 해주십시오. 당신은 하느님의 마음에서 영혼과 육신에 필요한 모든 것을 얻어 주시는 큰 힘을 갖고 계시며, 어머니이신 교회가 당신을 "기적의 천재…… 현대의 가장 위대한 성녀”로 선포하셨습니다. 성녀 테레사님, “하늘에서 나날을 보내며 지상에 좋은 일을 하겠다”하시면서 “장미비를 내려 주겠다”고 약속하셨으니 저의 간청을 들어주시기를 간절히 기도합니다.(지향). 소화(小花) 성녀 테레사님, 제가 당신처럼 어린이와 같은 믿음을 지니게 해주시어, 이웃들 안에서, 그리고 그들과 더불어 살아가며 겪는 체험 속에서 하느님의 얼굴을 뵙게 하시고, 온전히 신뢰하면서 하느님을 사랑할 수 있게 해 주십시오. 가르멜의 성녀 테레사님, 저도 “예수님께서 세상 어디든지 알려지게 되기를” 원하신 당신의 소망이 이루어지도록 힘쓰며, 당신을 통해 다른 이들을 꾸준히 예수님께 인도하겠습니다. 아멘.

○ 예수 아기의 성녀 소화 테레사님.
◎ 저희를 위하여 빌어 주소서. (세 번)

예수 아기의 성녀 테레사께 바치는 기도

예수 아기의 테레사 성녀여.

당신은 포교 사업의 주보이시니, 우리의 기도를 들어주소서. 우리도 당신을 본받아 영적 어린이의 길을 걷기 위하여 단순하고 신뢰에 찬 어린이와 같은 영혼이 되게 하소서. 지금까지 아무도 그처럼 사랑한 적이 없을 정도로 지금 더욱 열심히 사랑하기 위하여 하느님께 아무 것도 거절하지 않을 은혜를 얻어 주소서. 우리로 하여금 형제애로서 함께 도우고, 일치하여 우리 한국 땅과 온 세상에 그리스도 왕국을 세우게 하소서. 우리는 매일 매일 삶의 작은 희생들을 당신께 맡기오니, 예수님께 전달하여 주시오며, 가시를 장미꽃으로 바꿀 관대한 사랑을 얻어 주소서.

오! 소화 테레사 성녀여.

"나는 지상을 복되게 하기 위하여 천국의 삶을 살겠노라"고 하셨으니, 당신의 자애로서 (지향) 돌보아주소서. 또한 당신은 예수 성심 안에 크게 능하시오니, 우리에게 장미 비를 내려 주시며, 결백함의 흰 장미꽃과 사랑의 붉은 장미꽃을 보내 주소서. 아멘.

예수 아기의 성녀 테레사 호칭 기도

○ 주님 자비를 베푸소서.

◎ 그리스도님 자비를 베푸소서.

○ 주님 자비를 베푸소서.

　그리스도님 우리의 기도를 들으소서.

◎ 그리스도님 우리의 기도를 들어주소서.

○ 하늘에 계신 천주 성부님,

◎ 자비를 베푸소서.

　－ 세상을 구원하신 천주 성자님,

　　천주 성령님,

　－ 삼위일체이신 하느님,

성모 마리아님,

◎ 저희를 위하여 빌어 주소서.

- 천주의 성모님,

　예수 그리스도의 정배이신 성녀 테레사.

- 천사같이 순결하신 성녀 테레사,

　당신 부모의 즐거움이신 성녀 테레사,

- 어린이들의 모범이신 성녀 테레사,

　첫 영성체한 이들의 빛이신 성녀 테레사,

- 예수 성체를 열렬히 사랑하신 성녀 테레사,

　성모 마리아의 사랑스런 어린이이신 성녀 테레사,

- 성모의 미소로 치유되신 성녀 테레사,

　성모 마리아를 정성되이 공경하신 성녀 테레사,

- 완덕의 신비한 꽃이신 성녀 테레사,

　사랑의 꽃이신 성녀 테레사,

- 순결한 백합화이신 성녀 테레사,

　가르멜 수도회의 작은 꽃이신 성녀 테레사,

- 가난한 이의 모범이신 성녀 테레사,

　순명하는 이의 모범이신 성녀 테레사,

- 정결한 덕의 천사이신 성녀 테레사,

　수도자들의 영광이신 성녀 테레사,

- 순교를 열렬히 원하신 성녀 테레사,

　주의 섭리에 온전히 의탁하신 성녀 테레사,

- 사제들을 위해 희생하신 성녀 테레사,

포교사업의 대 주보이신 성녀 테레사,
- 병자들의 위로이신 성녀 테레사,
  나약한 이의 힘이신 성녀 테레사.
- 어려운 이의 도움이신 성녀 테레사.
  영혼들의 인도자이신 성녀 테레사.
- 악인들이 겁내는이신 성녀 테레사,
  모든 걱정하는 이들의 위안이신 성녀 테레사,
- 죄인들의 식탁에 함께 하시는 성녀 테레사,
  수인들의 자매이신 성녀 테레사,
- 성령 안에 가난한 이들의 자매이신 성녀 테레사,
  대 죄인들의 자매이신 성녀 테레사,
- 모든 고아들의 사랑의 보석이신 성녀 테레사.
  선교사들의 힘이신 성녀 테레사,
- 봉헌한 이들의 열심한 모범이신 성녀 테레사,
  모든 사제들의 자매이신 성녀 테레사,
- 신뢰와 포기의 사도이신 성녀 테레사,
  단순성의 사도이신 성녀 테레사,
- 마지막 시기의 예언자이신 성녀 테레사,
  예수 아기와 성면의 성녀 테레사,
- 위대한 임금의 작은 여왕이신 성녀 테레사.
  어린이의 길에 박사이신 성녀 테레사.
- 예수 아기를 사랑하신 성녀 테레사,
  그리스도의 십자가를 사랑하신 성녀 테레사,

- 그리스도의 성면을 사랑하신 성녀 테레사,
  하느님의 말씀을 사랑하신 성녀 테레사,
- 성부의 자비를 노래하신 성녀 테레사,
  티없는 성모 성심의 거울이신 성녀 테레사,
- 예수 아기를 위해 뿌려진 장미꽃이신 성녀 테레사,
  교회의 심장 안에서 사랑이 되신 성녀 테레사,
- 우리 시대에 하느님의 말씀을 전하신 성녀 테레사,
  순결한 마음의 모범이신 성녀 테레사,
- 사랑으로 타고 살아 있는 성광이신 성녀 테레사.
  성체 곁에 침묵의 제물이 되신 성녀 테레사,
- 고통 중에 기쁨의 보석이신 성녀 테레사,
  예수 성심의 사랑의 순교자이신 성녀 테레사,
- 사도직의 용사이신 성녀 테레사,
  장미 비를 쏟아 부으시는 성녀 테레사.

○ 하느님의 어린 양 세상의 죄를 없애시는 주님,
◎ 저희를 용서하소서.
○ 하느님의 어린 양 세상의 죄를 없애시는 주님,
◎ 저희의 기도를 들어주소서.
○ 하느님의 어린 양 세상의 죄를 없애시는 주님,
◎ 저희에게 자비를 베푸소서.
○ 성녀 테레사, 저희를 위하여 빌으시어,
◎ 그리스도께서 약속하신 영원한 생명을 얻게 하소서.

† 기도합시다.

어린이와 같이 겸손한 이들에게 하늘 나라를 허락하시는 하느님, 우리로 하여금, 성녀 테레사의 작은 길을 충실히 따르게 하시고, 그의 전구로 당신의 영원한 영광을 뵈옵게 하소서. 우리 주 그리스도의 이름으로 비나이다. 아멘.

우리 어머니 성녀 테레사 동정 학자께 바치는 9일 기도

=10월 6일~14일=

영광스러운 어머니 성녀 테레사.

순결한 동정녀시오, 예수 그리스도의 배필이신 어머님은 깨끗하심과 열성으로 천사이시며 그 뜨거운 사랑으로는 세라핌이시니이다. 주님께서 어머님을 은총으로 가득 채우셨으니 저희는 어머님과 함께 기뻐하면서 감사드리며, 온 마음으로 어머님께 축하하나이다. 좋으신 어머님, 어머님은 하느님 앞에서 능하시오니 어머님께 간청하옵니다. 제 생활을 개선하여 그리스도인, 참 가르멜 수녀로서 깊은 침묵과 고독을 사는 기도의 사람이 될 은혜를 구해 주소서.

우리 어머니 성녀 테레사, 어머님처럼 사랑에 타면서 예수님과 성모님 품안에서 죽을 은혜를 저와 제가 사랑하는 이들에게 얻어 주시고, 9일 동안 구하는 이 은혜(지향)도 전구해 주소서. 아멘.

○ 우리 어머니 성녀 테레사,
◎ 저희를 위하여 빌어 주소서. (세 번)

예수의 성녀 테레사 호칭 기도
○ 주님 자비를 베푸소서.
◎ 그리스도님 자비를 베푸소서.
○ 주님 자비를 베푸소서.
  그리스도님 저희의 기도를 들으소서.
◎ 그리스도님 저희의 기도를 들어 주소서.
○ 하늘에 계신 천주 성부님,
◎ 자비를 베푸소서.
 - 세상을 구원하신 천주 성자님,
  천주 성령님,
 - 삼위일체이신 하느님,
  성모 마리아님,
◎ 저희를 위하여 빌어 주소서.
 - 천주의 성모님,
  성녀 테레사,
 - 영원한 성부의 양녀이신 테레사,
  성자 예수의 정배로서 수난을 유산으로 받으신 테레사,
 - 성령의 거룩한 궁전이신 테레사,
  삼위일체이신 하느님의 기쁨이신 테레사,

- 예수 그리스도의 모상이신 테레사,
  동정 마리아를 열렬히 공경하신 테레사,
- 성 요셉의 영광을 위하여 열성이시던 테레사,
  자신과 세속에 죽으신 테레사,
- 우리 성조 엘리야의 두 가지 정신을 계승하신 테레사,
  가르멜을 개혁하신 테레사,
- 주님께서 친히 가르치신 동정녀 테레사,
  세라핌 천사와 같으신 동정녀 테레사,
- 하느님 사랑의 뜨거운 도가니신 테레사.
  주님의 은총을 풍성히 입으신 테레사,
- 가르멜 산의 영예이신 테레사,
  끊임없는 기도의 향료이신 테레사,
- 가장 총명한 성교회의 신학자신 테레사.
  주님의 영감을 잘 받아들이신 테레사,
- 순명 덕의 영원한 제물이신 테레사,
  천사 같은 정결 덕의 백합화이신 테레사.
- 천사 같은 청빈 덕의 꽃이신 테레사,
  임종에까지 순교하신 테레사.
- 예수 그리스도의 십자가를 열절히 사랑하신 테레사,
  고통이나 죽음을 바라신 테레사,
- 신비경을 맛보신 테레사.
  자아포기의 넓은 바다이신 테레사,
- 순진하고 온유한 비둘기신 테레사,

인내의 바다이신 테레사.
- 모든 덕의 거울이신 테레사.
하느님의 신묘함을 받아들이는 그릇이신 테레사.
- 뜨거운 사랑의 창에 찔리신 테레사,
어둔 밤을 영광스러이 정복하신 테레사.
- 가르멜 수도원의 기준이신 테레사.
가르멜 수도자의 의탁이신 테레사.

○ 거룩한 가르멜회의 어머니, 이 수도회를 지켜 주시기를 청하오니,

◎ 저희의 기도를 들어주소서.

○ 저희가 한 서약에 성실하고 항구하기를 청하오니,

○ 저희를 세속 마귀 육신의 올가미에서 보호해 주시기를 청하오니,

○ 저희에게 가르멜의 정신이 스며들게 해 주시기를 청하오니,

○ 저희를 겸손한 자 되게 하시어, 이기심을 온전히 끊어 버리게 해 주시기를 청하오니,

○ 교회의 으뜸들과 모든 신자들을 사랑의 끈으로 일치하게 해 주시기를 청하오니,

○ 하느님의 어린 양 세상의 죄를 없애시는 주님,

◎ 저희를 용서하소서.

○ 하느님의 어린 양 세상의 죄를 없애시는 주님,

◎ 저희의 기도를 들어주소서.

○ 하느님의 어린 양 세상의 죄를 없애시는 주님,

◎ 자비를 베푸소서.

† 기도합시다.

성령을 통하여 우리 어머니 성녀 테레사를 뽑으시어, 교회에 완덕의 새로운 길을 보여주게 하신 하느님, 저희가 언제나 그의 천상 교훈을 양식으로 삼아 참된 성덕을 갈망하게 하소서. ◎ 아멘.

복자 프란치스코 빨라우 신부님의 수도서원 갱신 기도

=11월 7일=

교회와 나의 관계, 1865년 7월 1일 오후 영성체할 때

(신부님은 미사 중에 항상 수도서원을 갱신하였습니다.)

나 있는 그대로, 내가 가지고 있고, 원하며 가질 수 있는 모든 것을 당신께 드립니다. 아, 성교회여, 사랑, 순명, 정결과 가난 속에서, 믿음과 희망으로 나를 당신께 드립니다. 나 프란치스코 수사는 순명, 정결, 가난을 서약합니다. 내가 당신의 것이라는 표시로 이 십자가를 가지며, 이 혼인 서약을 기념하기 위하여 항상 지니고 다니겠습니다. 그리고 하느님의 어머니이신 동정녀 마리아는 당신의 전형이며 형상이시기에 거룩한 스카풀라와 묵주는 내 봉헌의 표지들이 될 것입니다. 나 있는 그대로 당신께 드리오니, 만일 내가 변변치 못하다면 그것은 나의 탓입니다. 당신께서 나를 순수하고 정결하고 거룩하며 완전하게 해 주십시오. 그러면

나는 그렇게 되겠나이다. 나는 세라핌 천사처럼 참다운 연인이 되기를 열렬히 원합니다. 내가 당신께 더 드리지 않는다면 그것은 나의 한계이며 더 가진 것이 없기 때문입니다.

교회에 대한 신경: 교회와 나의 관계 =1866년 2월 17일

1. 당신의 님은 하느님과 당신의 이웃입니다.

2. 당신의 님은 영원하신 아버지의 유일한 딸입니다. 하느님은 당신의 이웃과 함께 신비체를 이루시며, 당신의 이웃은 하느님 안에 하나입니다. 신비체의 머리이신 그리스도께 모인 모든 이웃의 집합은 당신의 님입니다.

3. 당신의 님은 한 분입니다. 유일합니다.

4. 당신의 님은 머리이신 그리스도입니다.

5. 아버지는 교회가 유래하는 원천입니다.

6. 아들은 그분의 머리입니다.

7. 성령은 당신의 님에게 생명을 주는 영혼입니다.

8. 성삼위는 당신의 님 안에 당신의 형상을 새겼으며, 이는 하느님처럼 아름답고 친절합니다.

9. 당신의 님은 삼위이며 하나이신 하느님 안에 하나입니다.

10. 당신의 님은, 사랑이 있어 당신을 사랑하고, 눈이 있어 당신을 보며, 지성이 있어 이해하며, 혀가 있어 말을 하며, 귀가 있어 듣습니다.

11. 나는 거룩한 교회을 믿습니다.

교회에 대한 신비 체험 후에(1860년) 하신 기도

나의 예수님, 나는 당신의 아버지이며 나의 아버지에게 갔습니다. 당신의 외동딸을 내게 보이시며 이렇게 말씀하셨습니다. "나의 사랑하는 딸은 너의 딸이다." 하느님의 무한한 지혜로 이렇게 준비시켰으며, 나는 복종하였습니다. 나는 교회를 위한 사랑으로 죽습니다. 당신은 그것을 아십니다. 나는 교회를 부르고, 교회를 찾고, 교회를 보지만 단지 희미할 뿐입니다. 나는 교회의 종입니다. 나의 주 하느님, 교회를 기쁘게 하고 만족시키기 위해 당신이 원하는 것을 명하시고 보여주십시오. 당신은 십자가의 제단 위에서 나의 생명, 나의 쉼과 나의 사랑하는 모든 것을 교회를 위하여 희생 제물로 바친 것을 알고 계십니다.

우리 사부 십자가의 성 요한께 바치는 9일 기도 =12월 5일~13일=
영광스러운 십자가의 성 요한.

당신은 십자가 위의 예수님과 일치하고자 하는 원의만을 가지셨으므로, 이 세상에서는 아무 것도 원하지 않으시고, 다만 고통과 모든 이에게 무시 천대받기만을 원하셨나이다. 당신께 간절히 청하오니, 제 영혼의 모든 교만한 생각을 없애 주시어 제 마음에 십자가에 대한 깊은 사랑을 일으켜 주소서.

사랑하는 우리 사부 성 요한, 지극히 찬란한 영광의 왕좌에 좌정하시니, 이 겸손한 기도를 들어주시어, 침묵을 사랑하며 고독하고 겸손히 숨어 살 줄 알게 하소서. 주님만을 위하여 일하며 아무 것도 바라지 않고, 다만 많은 영혼을 구하여서 그들이 주님의 영광을 노래하기를 원하나이다. 가난을 사랑하게 해 주시어 지상의 것에 얽혀 있는 제 마음을 씻어 주시며, 모든 시련 중에 평화를 보존하는 신앙의 정신을 얻어 주소서. 그리고 제가 죽은 후에 지체치 않고 천국 영복을 누리게 하소서.

영광스러운 우리 사부 성 요한, 이 9일 동안 특별히 당신의 전달로 구하는 이 은혜(지향)를 거절하지 마옵소서. 제가 구하는 모든 것이 주님께 더욱 큰 영광이 되며, 저와 모든 영혼에게 도움이 되기만을 원하나이다. 아멘.

○ 우리 사부 성 요한,
◎ 저희를 위하여 빌어 주소서. (세 번)

십자가의 성 요한 호칭 기도
○ 주님 자비를 베푸소서.
◎ 그리스도님 자비를 베푸소서.
○ 주님 자비를 베푸소서.
  그리스도님 저희의 기도를 들으소서.
◎ 그리스도님 저희의 기도를 들어주소서.

○ 하늘에 계신 천주 성부님,
◎ 자비를 베푸소서.

- 세상을 구원하신 천주 성자님,
   천주 성령님,
- 삼위일체이신 하느님,
○ 성모 마리아님,
◎ 저희를 위하여 빌어 주소서.
- 천주의 성모님,
   우리 사부 십자가의 성 요한,
- 가르멜 산의 동정 성모 마리아의 '사랑하는 아들' 성 요한,
   가르멜의 가장 향기로운 꽃이신 성 요한,
- 성조 엘리야의 정신을 기묘히 계승하신 성 요한,
   가르멜 개혁에 가장 좋은 바탕이신 성 요한,
- 우리 어머니 성녀 테레사의 사랑스러운 아들이시오 영적
아버지신 성 요한,
   가르멜의 개혁을 엄수하신 성 요한,
- 순결의 모범이신 성 요한,
   모든 덕을 충실히 닦으신 성 요한,
- 애덕에 불타신 성 요한,
   겸덕이 뛰어나신 성 요한,
- 순명 덕이 월등하신 성 요한,
   수고를 모르신 성 요한,
- 비둘기처럼 순진하고 양순하신 성 요한,
   가난을 사랑하신 성 요한,
- 성덕의 모범이신 성 요한,

의덕을 충실히 지키신 성 요한,
- 사랑으로 예수님의 벗이 되신 성 요한,
불굴의 의지로 고행을 하신 성 요한,
- 극기를 사랑하신 성 요한,
뜨거운 불덩어리신 성 요한,
- 신비 신학자신 성 요한,
내적 생활의 스승이요 모범이신 성 요한,
- 기도에 충실하신 성 요한,
신앙의 기둥이신 성 요한,
- 복음을 가르치시는 일에 분발하신 성 요한,
진리를 열렬히 사랑하신 성 요한,
- 주님의 말씀을 전하는 소리이신 성 요한,
많은 영혼을 충실히 이끄신 성 요한,
- 길 잃은 자의 빛이신 성 요한.
근심하는 이의 즐거움이신 성 요한,
- 많은 기적을 행하신 성 요한,
순교를 갈망하신 성 요한,
- 주님의 말씀을 성실히 지키신 성 요한,
가르멜의 자랑이요 영광이신 성 요한,

○ 하느님의 어린 양 세상의 죄를 없애시는 주님,
◎ 저희를 용서하소서.
○ 하느님의 어린 양 세상의 죄를 없애시는 주님,

◎ 저희의 기도를 들어주소서.

○ 하느님의 어린 양 세상의 죄를 없애시는 주님,

◎ 저희에게 자비를 베푸소서.

† 기도합시다.

우리 사부 십자가의 성 요한을 통하여 완전한 극기의 어둔 밤과 십자가에 대한 열렬한 사랑의 모범을 보여 주신 하느님, 저희에게 영성 생활의 스승인 그를 따르게 하시어, 주님의 영광을 바라보게 하소서. 우리 주 그리스도를 통하여 비나이다.

◎ 아멘.

원죄 없이 잉태되신 복되신 동정 마리아께 바치는 9일 기도

= 11월 29일~12월 7일 =

원죄 없으신 동정 마리아님, 첫 선교사들이 저희 나라를 마리아님께 봉헌한 그 열정을 기억해 주소서. 어머님께 봉헌한 이 나라를 어머님은 고비고비 돌보아 주시고 닥칠 재앙을 미리 막아 주셨음을 감사드립니다. 이 나라를 어머님의 수호에 맡겨 드렸으니 이 민족이 겪어야 할 경제 난국을 돌파할 수 있는 지혜와 좌절치 않는 투지와 생활 개선을 위한 각성으로 전화위복이 될 은혜로운 기회가 되게 어머님의 자애로우신 손길로 이끌어 주소서.

사랑을 나누며 살아야 할 한 민족, 한 겨레가 아직도 남북으로 갈라져 있음을 어머님께 호소하오니 어머님의 사랑으로 이 장벽도 없애 주소서.

인자하신 어머님, 저희는 어머님을 본받아 모든 일을 묵묵히 마음에 간직하고 오직 예수님께 기쁨과 영광을 드리는 데만 힘쓰겠나이다. 원죄 없이 잉태되신 어머님, 부족한 저희를 마다하지 마시고 영원히 어머니의 딸로 받아 주시기를 청하나이다. 그리고 9일 동안 청하는 이 은혜(지향)를 어머니 친히 얻어 주시기를 간절히 청하나이다. ◎ 아멘.

○ 원죄 없이 잉태되신 성모 마리아님.
◎ 저희를 위하여 빌어 주소서. (세 번)

축성생활을 위한 기도 제 1 양식
사랑이신 아버지,
많은 이들을 수도 성소로 불러 주시고
교회와 세상에 참 생명을 불어넣게 하시는
당신의 크신 은총에 찬미와 감사를 드립니다.

주님의 봉헌 축일을 기리면서
모든 수도자들이 하느님 영광과 세상의 구원을 위하여
자신의 모든 삶을 온전히 봉헌하려는
뜨거운 열정에 타오르게 하소서.

주님, 수도자들로 하여금

청빈 정결 순명의 정신으로
당신과 이웃을 위해 자신을 희생 제물로
바치는 사람들이 되게 하소서.
좋으신 하느님,
기도와 침묵을 통해 수도의 정신을 더욱 깊게 하고
절제를 통해 세속을 극복하고
순명을 통해 당신의 뜻을 이루며
사랑으로 공동체와 일치를 이루게 하소서.

자비로우신 하느님,
교회의 보화인 수도 성소에 투신할 젊은이들을 많이
불러 주시어 세상 어디서나 당신을 용감히
증거할 수 있도록 성령을 보내 주소서.

봉헌된 사람들의 모후이신 성모님,
수도자들이 자기 수신과 활동을 통하여
이 세상과 교회에
구원과 사랑의 등불이 되도록 빌어 주소서.

예수님, 수도자의 날을 맞이하여 모든 수도자들이
성령으로 성화되어 당신과 성모님의 티없으신 성심께
자신을 봉헌하며 살아갈 수 있도록 도와주소서. 아멘.

축성생활을 위한 기도 제 2 양식

하느님 아버지,
성령 안에서 그리스도를 보다 더 가까이 따르도록
축성생활에로 당신의 자녀들을 부르시어
교회와 세상에 참 생명을 불어넣게 하시니 감사와 찬미를 드
립니다.

당신의 사랑어린 부르심에 축성생활로 응답한 이들이
물질주의와 이기주의로 상처받은 세상 속에서
정결, 청빈, 순명의 서원을 충실히 살아
보호와 사랑을 필요로 하는 형제, 자매들에게 그리스도를 보
여 주게 하소서.

많은 젊은이들의 마음에
축성생활의 은혜와 소명을 일깨워주시어
세상의 구원을 위해
자신의 삶을 봉헌하려는 열망을 일으켜 주소서.

2000년 대희년을 준비하는 교회 안에서
모든 축성된 이들이 보다 쇄신 된 모습으로
한국 교회와 사회의 새 복음화를 위하여 투신하려는
뜨거운 열정으로 타오르게 하소서.
우리 주 그리스도를 통하여 비나이다. 아멘.

축성생활의 모범이신 성모님,
저희를 위하여 빌으소서.

저희 영혼에 생기를 불어 넣어주시는 성령께 바치는 기도
저희 영혼에 생기를 불어 넣어주시는 성령이시여
저희는 당신을 흠숭합니다.

지혜의 성령님 천상적인 것에 맛들일 수 있는 능력을 주십시오.
통달의 성령님 저희의 신앙을 더 맑게 해 주십시오.
지식의 성령님 피조물을 통해서 당신께 도달할 수 있을 알게
해 주십시오.
의견의 성령님 저희의 모든 행위를 인도해 주십시오
효경의 성령님 하느님께 대한 참된 자녀의 사랑을 저희 마음
에 넣어 주십시오.
굳셈의 성령님 충실한 종의 용기를 주십시오.
두려움의 성령님 항상 주님께 깊은 공경을 드리는 자가 되게
해 주십시오.
위로자이신 성령님 당신의 기쁨으로 저희 마음을 가득 채워
주십시오.

마음의 임금님께 올리는 9일 기도

아기 예수님 저는 당신의 거룩하신 어머님을 통하여 당신께 도움을 청하옵니다. 당신의 천주성이 저를 도와주실 것을 굳게 믿음으로 저는 당신의 거룩하신 은혜를 얻을 것을 확신하고 바라며 간구드리나이다. 저는 당신을 저의 모든 마음과 영혼을 다하여 사랑하리이다. 저는 제 죄악을 깊이 아파하오니 착하신 예수님 제게 힘을 주시어 죄악을 눌러 이기게 하소서. 저는 당신의 마음을 상해 드리는 것보다 차라리 모든 괴로움을 받겠사오며 죄를 짓지 않기로 굳게 결심하옵니다. 이제부터는 충심으로 당신을 섬기겠사오니

오! 거룩하신 아기 예수님 저는 당신의 사랑으로 인하여 남을 저와 같이 사랑하리이다.

오! 전능하신 아기 예수님!

이 요긴한 사정에 있어 저의 도움이 되어 주시기를 다시 간구하나이다. (은혜 구함)

오! 프라그의 아기 예수님이시며 위대하시고 전능하신 주님!

당신의 가장 거룩하신 어머니의 힘있는 전달과 전구로써 가지신 전능하심의 한없는 인자를 의지하여 애원하오니 제가 이 9일 기도로써 열심히 청하는 것을 들어주옵소서.

성모 마리아와 성 요셉과 당신의 모든 천사들과 성인들과 함께 당신을 영원히 모시며 흠숭하는 은혜를 주옵소서

오 프라그의 하느님이신 아기 예수님!

저의 기도를 들어주시고 제가 청하는 바를 허락하여 주소서.
(세 번)
주님의 기도, 성모송, 영광송. (각 한 번)

메리데발 추기경님의 기도

○ 마음이 양선하시고 겸손하신 예수님

◎ 저의 기도를 들어주십시오.

○ 공경을 받고자하는 원의에서

◎ 주님 저를 구하소서.

－ 사랑을 받고자하는 원의에서

칭찬을 받고자하는 원의에서

－ 영광을 받고자하는 원의에서

찬미를 받고자하는 원의에서

－ 남보다 더 낮게 여김을 받고자 하는 원의에서

의논상대를 바라는 원의에서

－ 인정을 바라는 원의에서

○ 비하를 받을까하는 두려움에서

◎ 예수님 저를 구하소서

－ 무시천대를 받을까하는 두려움에서

거절을 당할까하는 두려움에서

－ 비방을 무서워하는 두려움에서

의심을 받을까하는 두려움에서

님이 저보다 더 사랑을 받고
님이 저보다 더 공경을 받고
님이 저보다 더 의견에 출중하고 저는 줄어지고
님이 저보다 더 선택함을 받고 저는 물러나고
님이 저보다 더 찬미를 받을 때 저는 조금도 걱정하지 않고
님이 저보다 더 만사에 있어서 우월하고
님이 저보다 더 거룩하고
님이 제게 맡겨진 거룩함에 할 수 있는대로 이르러 하오니
예수님!
오 나의 예수님!
이 원의의 성총을 저에게 주옵소서. 아멘.

로욜라의 성 이냐시오의 봉헌기도
주여 나를 받으소서.
나의 모든 자유와
나의 기억과 지성과 의지와
저에게 있는 모든 것과
제가 소유한 모든 것을 받아주소서.
주님께서 이 모든 것을 저에게 주셨나이다.
주여 이 모든 것을 주님께 도로 바치나이다.

모든 것이 다 주님의 것이오니
온전히 주님의 뜻대로 주관하소서
저에게는 주님의 사랑과 은총만을 허락하소서.
저는 이것으로 만족하리이다.
아멘.

하느님의 거룩하신 모친이시며 가르멜 산의 영광이신 마리아님께 바치는 기도

하느님의 거룩하신 모친이시며,
가르멜 산의 영광이신 어머니 마리아님.
당신의 덕행으로 당신께서 뽑으신 가족을 돌보시며 모든 위험에서 보호하소서.
당신께서 내리신 이 성의 안에서 정결과 겸손의 거울을
이 형태의 단순함 안에서 소박함과 솔직성을
웅변적인 상징 안에서
천상의 도움을 기원하는 기도를 인식하게 하시며
티 없으신 당신의 자극히 거룩하신 성심께 바쳐진
우리의 봉헌을 늘 새로이 인식하고
영원히 당신을 찬양케 하소서. 아멘.

임종자를 위한 기도

지극히 자비하시고 영혼들의 사랑에 열렬히 불타시는 예수님!
당신의 거룩하신 성심의 고통과 원죄 없으신 성모님의 고통으로,
  지금 임종하며 죽어 가는 모든 죄인들을 당신의 성혈로 씻어
주소서. 아멘.

○ 고통 중에 계신 예수 성심.
◎ 임종자에게 자비를 베푸소서.

우리 시대를 위한 기도

세상 풍파로 가정이 깨지고
자녀들이 길거리에 내몰려 생존을 위하여 싸우는 곳에,
전쟁과 파괴에 자원을 더 많이 소비하면서
질병과 굶주림에는 주의를 덜 기울이는 곳에,
오소서 성령님!
저희의 상처를 치유해 주시고 만물을 새롭게 하소서.

소유가 강박관념이 되고
인간의 가치가 그의 소유물로 평가 받는 곳에,
공기, 나무, 바다가 오염되고 돈에 대한 미련스러운 탐욕이
우리의 환경을 위협하는 곳에,
오소서 성령님!

저희의 상처를 치유해 주시고 만물을 새롭게 하소서.

자민족 중심주의와 인종차별로 국가가 분열되고
무자비한 테러 행위로 무고한 피가 흐르는 곳에,
국가와 국가가 서로 파멸시키는 전쟁을 하고
핵무기에 의한 대량학살이 저희의 지평선에
불길함을 드리울 때
오소서 성령님! 저희의 상처를 치유해 주시고 만물을 새롭게
하소서.

○ 창조주이신 하느님 아버지.
◎ 이 세상에 자비를 베푸소서. (세 번)

○ 지극히 거룩하신 예수 성심.
◎ 이 세상에 주님의 나라는 세우소서. (세 번)

○ 살아계신 성령
◎ 이 세상을 새롭게 하소서. (세 번)

영원이라는 여명 앞에서

발행일 · 2006년 12월 28일
지은이 · 장석훈(소년 예수의 베르나르도)
편집장 · 박옥주
편집인 · 안종완
발행인 · 박종현
발행처 · 세계문예

등록/1998년 5월 27일(제7-180호)

주소/ (132-033) 서울시 도봉구 쌍문3동 315-402
대표☎:995-0071 영업부:995-0072 팩스:904-0071
편집실:995-1177 주간실:995-0073

e-mail | adongmun@naver.com
e-mail | adongmun@hanmail.net
Homepage | adongmun.co.kr

ISBN 89-88695-62-3

※저자와의 협의하에 인지는 생략합니다.